HERDERS
GROSSES
WEIHNACHTSBUCH

HERDERS GROSSES WEIHNACHTSBUCH

GESCHICHTEN UND GEDICHTE
LIEDER UND LEGENDEN
BRAUCHTUM, BASTELN UND BACKEN
VON ST. MARTIN BIS DREIKÖNIGE

HERAUSGEGEBEN UND ERZÄHLT VON ULRICH PETERS

HERDER
FREIBURG · BASEL · WIEN

Für meine Eltern und Schwiegereltern.
Bei ihnen habe ich erfahren, wie man Feste feiert.

Redaktionelle Anmerkung des Verlags:
Beiträge, die mit diesem Symbol gekennzeichnet sind, eignen sich besonders für Kinder
Nicht mit Autorennamen versehene Beiträge stammen vom Herausgeber

Umschlagfotos: Vorderseite, Wolfgang Müller; Rückseite, foto-present

Zweite Auflage

Layout: Michael Wiesinger, Freiburg i. Br.
Reproduktionen: Rete GmbH, Grafische Kunstanstalt, Freiburg i. Br.
Herstellung: Freiburger Graphische Betriebe 1994
ISBN 3-451-23210-3

Einladung

Ein wohlhabender Kaufmann bekam einen wertvollen Stein geschenkt. Weil er um den beinahe unermeßlichen Wert dieses Edelsteins wußte, ließ er ihn vom kunstfertigsten Goldschmied des Landes in ein Schmuckstück fassen. Seit diesem Tag funkelte der Stein wie ein kleines Feuer mitten in einem herrlichen Ring an der Hand des Kaufmanns. Eines Tages aber, mochte es Unachtsamkeit oder etwas anderes gewesen sein, verlor der Kaufmann den Stein. Er war aus der Fassung gefallen und spurlos verschwunden. Tagelang suchte seine gesamte Dienerschaft das Haus ab. Aber so sehr sie auch suchten, sie vermochten den Stein nicht wiederzufinden. Da wurde dem Kaufmann das Herz schwer, und er geriet ins Grübeln. Wenn schon der Stein verloren ist, so sagte er sich, soll doch wenigstens die Fassung golden glitzern. Abermals bemühte er die Dienste des Goldschmieds. Dieser arbeitete viele Tage und Nächte und schuf ein kostbares Rankenwerk an der Stelle, an der bislang der Stein gesessen hatte. Der Ring war wunderschön geworden, und obwohl der Kaufmann ein Vermögen für die Arbeit des Goldschmieds bezahlt hatte, schien er ihm jetzt glanzlos und irgendwie ärmlich. Es fehlte ihm das lebendige Leuchten und Funkeln des Steins, das diesen Ring einmal so wertvoll und unverwechselbar gemacht hatte.

Dieses Buch, liebe Leserin und lieber Leser, will Sie einladen, mit auf die Suche zu gehen und einem verlorenen Stein auf die Spur zu kommen. Es macht sich auf eine Entdeckungsreise von Sankt Martin bis Dreikönige, um herauszufinden, was sich eigentlich hinter der Advents- und Weihnachtszeit verbirgt. Informationen dazu, wie sich das Brauchtum herausbildete, stehen neben Geschichten, Gedichten, Liedern und Legenden; Tips, wie man die Tage vor und um Weihnachten in der Familie noch schöner feiern und gestalten kann, neben Bastelanleitungen und Backrezepten. Ausgehend von unserer Art, die Advents- und Weihnachtszeit heute zu gestalten, führt der Weg schrittweise ins Zentrum der jeweiligen Feste. Auf diesem Weg läßt sich manche verblüffende Überraschung erleben und vieles finden, was man in der Familie gemeinsam tun kann. Dieses bunte Ideenbuch ist dabei so eine Art Karte oder Kompaß. Es will zeigen, wie die Advents- und Weihnachtszeit zu einem unverwechselbaren Erlebnis werden kann. Wenn das gelingt, hat es seinen Zweck erfüllt. Denn dann wäre dieses Buch, was es sein will: ein vielseitiger und abwechslungsreicher Begleiter durch die schönste Zeit des Jahres und ein Wegweiser zur unverbrauchten, frischen Lebenskraft, die noch heute in dieser Zeit steckt und die nur darauf wartet, entdeckt zu werden.

Ulrich Peters

Inhalt

St. Martin *oder* Warum uns im Dunkeln ein Licht aufgeht

Mitleid, das sich mitteilt –
    Sankt Martin 10
Sankt Martin 11
Ballade vom Soldaten und dem
    Schwert 12
Was man mit einem Soldaten-
    mantel auch tun kann 13
Komm, wir teilen uns die
    Laterne! 14
Laterne, Laterne 15
Ich geh' mit meiner Laterne 15
Da draußen weht der Wind so
    kalt 16
Die Sterntaler 17
Sankt-Martin-Laternenfest 18

Süße Sachen
Bratäpfel 18
Weckmänner 19

Wir basteln Martinslaternen

Die Kerze, die nicht brennen
    wollte 25

Advent *oder* Warum wir auf einen grünen Zweig kommen

Lebenszeichen *oder* Der Zauber
    einer geheimnisvollen Zeit 28

Vorbereitungen

Von Kränzen …

Festliche Adventskränze für die
    Familie 29
Wie der erste Adventskranz
    erfunden wurde 30
Tischkranz mit Kugelkerzen 31
Hängekranz mit weißen
    Bändern 32

Goldnes Licht auf grünen
    Zweigen 33
Adventlied 34
Eine Kerze zünde an 34

… und Kalendern

Ein Adventskalender für den
    kleinen Gerhard 35
Fröhliche Adventskalender für
    kleine und große Leute 37
Vor dem Adventskalender 42

Fest und Feier

1. Advent: Von Taten und Träumen

Unvergessen selbstvergessen –
    Nikolaus und Barbara 44
Alle Knospen springen auf 46
Sankt Barbara – Blüten mitten im
    Winter 47
Winter hält das Land gefangen 48
Laßt uns froh und munter sein 49
Voll Freude ist das ganze Haus 50
Die Legende von Nikolaus und
    den drei Säcken 51
Niklaus, Niklaus, guter Mann 52
Klopf, klopf, klopf 53
Dich rufen wir, Sankt Nikolaus 53
Der Tag, an dem der Osterhase
    dem Nikolaus half 54
Heut ist Nikolaus-Abend da 56
Nikolaus-Stiefel voller
    Überraschungen 57
Lauter nette Nikoläuse 58
Wir backen Spekulatius … 60
…wie Nikolaus Spekulatius
    buk 60

2. Advent: Von Stille und Staunen

Die Liebe ist ganz leise – Sankt
    Luzia 62
Wir öffnen unsre Herzen 63
Mache dich auf und werde licht
    64
Wir zünden eine Kerze an 64
Ein Lichtblick – Die Legende von
    Sankt Luzia 65
Wie die Stille stumm wurde 66
Schauen – lauschen – schweigen:
    Stillespiele für leise Leute 67
Riechen – schmecken – fühlen:
    Leckerei aus der
    Weihnachtsbäckerei 68
In der Weihnachtsbäckerei 69
Farbige Fensterbilder für
    Phantasievolle 70
Die Erfahrung der Stille 73
Gedichte gegen den Lärm 74

3. Advent: Von Wünschen und Warten

Worauf warten wir noch?! 76
Wir sagen euch an den lieben
    Advent 77
Verdichtete Erwartungen
Von Menschen, die wunschlos
    unglücklich waren 79
Karolins Wunschzettel 80
Weihnachtswunsch 81
Vollwertiges und Wertvolles
    aus der Weihnachtsbäckerei 82
Der Advent ist da 83
Geheimnisse und Wünsche vor
    Weihnachten 84
Von Wunschzetteln und allerlei
    Weihnachtswichtelei 85
Weihnachtswünsche, die von
    Herzen kommen 86
Vom König, der Gott sehen wollte
    90

4. Advent:
Von Phantasie und Vertrauen

Zärtliche Zeugen der Zuneigung 92

Was schenk ich dir zu Weihnachten? 93

Daß dein Geschenk du selber bist 94

Weihnachtsgeschenke 94

O Heiland, reiß die Himmel auf 96

Ein kleiner Traum oder Gottes größtes Geschenk 97

Phantasiereisen – ein etwas anderer Adventsabend 99

Knusperhäuschen für Kreative 100

Das Weihnachtspäckchen 102

Geschenke phantasievoll verpacken 102

Phantasievolle Verpackungen aus Papierluftschlangen 104

Der Umwelt zuliebe – Packpapier bedrucken und bemalen 106

Die Kupfermünze 106

Weihnachten *oder* Wie Menschlichkeit Hand und Fuß bekommt

Wendezeit Weihnachten 110

Morgen, Kinder, wird's was geben 111

Weihnachten ist nicht mehr weit 111

Vorbereitungen

Von Weihnachtsschmuck

Zeichen einer neuen Zeit 112

Weihnachtssterne aus Stroh und Papier 113

... und Weihnachtsbäumen

O Tannenbaum 118

Am Weihnachtsbaum die Lichter brennen 118

Der erste Weihnachtsbaum 119

Der letzte Weihnachtsbaum 120

Tannengeflüster 121

Erfüllen Sie sich Ihren Traum von einem Weihnachtsbaum

Wie der alte Weihnachtsstern auf dem Müll landete 128

Fest und Feier

Der Heilige Abend: Von Menschlichkeit und Mut

Mach's wie Gott, werde Mensch 130

Zu Betlehem geboren 131

Ihr Kinderlein, kommet 131

Ich steh an deiner Krippe hier 132

Die Legende von der ersten Weihnachtskrippe 133

Das Weihnachtsevangelium nach Lukas 135

Die Weihnachtsgeschichte 136

Da hat der Himmel die Erde geküßt 137

O du fröhliche, o du selige 138

Stille Nacht, heilige Nacht 138

Vom Engel, der am Weihnachtsabend weinte 139

Vom Himmel hoch, da komm ich her 143

Den Heiligen Abend in der Familie feiern 144

Gedichte zur Weihnachtsnacht 146

Die Weihnachtstage: Von Lebenslust und Leidenschaft

Weihnachten – eine Geschichte, die das Leben selber schrieb 148

Fröhliches Weihnachtslied 149

Alle Jahre wieder 150

Kling, Glöckchen, klingelingeling 150

Die Geschichte vom Engel, der immer zu spät kam 151

Spiel, Spaß, Spannung und Spazieren: Ein Weihnachtsnachmittag für die Familie 157

Da fängt der Himmel an 158

Neujahr und Dreikönige *oder* Warum unser Leben unter einem guten Stern steht

Unterwegs von Zeit zu Zeit 162

Von guten Mächten wunderbar geborgen 163

Die rationierte Zeit 164

Momo kommt hin, wo die Zeit herkommt 166

Wir machen Zeit 169

Es führt' drei König' Gottes Hand 170

Das Weihnachtsevangelium nach Matthäus 171

Drei merkwürdige Gäste und ein guter Stern 172

Es ist für uns eine Zeit angekommen 174

Ein Stern hat uns den Weg gezeigt 174

Die Legende vom ersten Weihnachtslied 175

Kuchen und Kronen für kleine Könige von heute 176

Alles hat seine Zeit – ein Neujahrswunsch 177

Das ABC der Advents- und Weihnachtszeit 178

Quellenverzeichnis 180

Bildnachweis 180

St. Martin

oder Warum uns im Dunkeln ein Licht aufgeht

Mitleid, das sich mitteilt – Sankt Martin

Der 11. November. Die Tage sind kürzer geworden, und der Wind treibt die letzten Blätter vor sich her. An vielen Orten ziehen singende Kinder mit selbstgebastelten, bunten Laternen durch die Nacht. Sie erinnern an den heiligen Bischof Martin von Tours. Um sein Leben ranken sich viele Geschichten und Legenden. Die bekannteste erzählt davon, wie er vor den Toren der Stadt Amiens seinen Mantel mit einem Bettler teilt. Seither ist Martin von Tours zu dem Symbol für Hilfsbereitschaft schlechthin geworden.

316 als Sohn eines römischen Offiziers geboren, war er unter Kaiser Konstantin selbst Soldat. Noch als 18jähriger bekennt er sich zum Christentum, wird Einsiedler und gründet das erste Mönchskloster des Abendlandes. 371 ernennt man ihn gegen seinen Willen zum Bischof von Tours. Es heißt, er habe sich in einem Gänsestall versteckt, um das Bischofsamt nicht antreten zu müssen. Die Gänse aber hätten ihn mit ihrem Geschnatter verraten, so daß er sie später braten ließ.

Der Brauch, am Martinstag eine Gans zu braten, wird u.a. auf diese Legende zurückgeführt. In Wirklichkeit hängt er aber mit dem Ende des bäuerlichen Jahres zusammen. Die Gans war die Zinsgabe an die Grundherren. Das Vieh wurde von den Weiden getrieben, die Pacht entrichtet, Vorräte angelegt und die Lohnknechte entlassen. Dies war die Zeit, in der auf den Höfen geschlachtet und der Martinsschmaus gehalten wurde. Bis heute liegt der Pachttermin vielerorts auf dem 11. 11., und bis heute erinnern die gebratene Gans und aus Hefeteig geformte Weckmänner mit Rosinenaugen und einer Pfeife im Arm an diese Schlachtfeste.

Auch der Beginn der Karnevalszeit am 11. Tag des 11. Monats um 11 Uhr 11 geht nicht in erster Linie auf die originelle Zahl zurück. Die Elfzahl – übrigens auch der sogenannten „Elferräte" – ist vielmehr im Datum des Martinsfestes verwurzelt. Seit dem Mittelalter begann nach St. Martin die vierzigtägige Adventszeit. Wie an Karneval wurde daher noch einmal ausgelassen gefeiert, ehe man sich in einem strengen Fasten auf Weihnachten vorbereitete. Martin von Tours starb am 8. November 397 und wurde am 11. November beerdigt. Seine Geschichte ist bis auf den heutigen Tag lebendig. Vielleicht weil sie daran erinnert, wie dem 18jährigen Martin ein Licht aufging und er begriff, daß jeder die Möglichkeit hat, die Welt ein Stück menschlicher zu machen.

Sankt Martin

Volkslied vom Niederrhein

1. Sankt Mar-tin, Sankt Mar-tin, Sankt Mar-tin ritt durch Schnee und Wind, sein Roß, das trug ihn fort ge-schwind. Sankt Mar-tin ritt mit leich-tem Mut, sein Man-tel deckt' ihn warm und gut.

2. Im Schnee saß, im Schnee saß,
im Schnee, da saß ein armer Mann,
hatt' Kleider nicht, hatt' Lumpen an:
„O helft mir doch in meiner Not,
sonst ist der bittre Frost mein Tod!"

3. Sankt Martin, Sankt Martin,
Sankt Martin zieht die Zügel an,
sein Roß steht still beim armen Mann.
Sankt Martin mit dem Schwerte teilt
den warmen Mantel unverweilt.

4. Sankt Martin, Sankt Martin,
Sankt Martin gibt den halben still,
der Bettler rasch ihm danken will.
Sankt Martin aber ritt in Eil'
hinweg mit seinem Mantelteil.

11

Ballade vom Soldaten und dem Schwert

Soldat, was hast du dir gedacht?
Was hast du mit dem Schwert gemacht?
Die Waffe legt zum Kampf man an,
was hast du mit dem Schwert getan?
Was sollte diese Tat?
Soldat, Soldat.

Du rittest fort von der Armee
und fandest dort im frischen Schnee
den Bettler mit dem grauen Haar,
der fast im Frost erfroren war.
Er hockte an dem Pfad.
Soldat, Soldat.

Soldat, du hieltest an dein Pferd.
Du sahst den Mann und zogst dein Schwert,
nahmst deinen Mantel und schlugst zu.
Den Mantel teiltest du im Nu
so in zwei Hälften grad.
Soldat, Soldat.

Den einen Teil des Mantels dann
legtest du selber wieder an.
Dann stiegst du ab und hängtest stumm
den andren Teil dem Armen um.
War das dein Kamerad?
Soldat, Soldat.

Soldat, im Kampf nur liegt das Glück,
gib doch die Waffe nicht zurück.
Du wirst Major und Kommandant!
Leg doch das Schwert nicht aus der Hand!
Was du tust, ist Verrat,
Soldat, Soldat.

Und bin ich auch des Hauptmanns Sohn,
so lauf' ich aus dem Heer davon.
Zum Teilen diente mir das Schwert.
Zum Töten ist es nichts mehr wert.
Ich diene Krieg und Heer nie mehr, nie mehr.
Diene Krieg und Heer nie mehr, nie mehr.

Rolf Krenzer

Was man mit einem Soldatenmantel auch tun kann

Es war im späten Herbst des Jahres 335 im heutigen Frankreich. Der Herbst war der kälteste seit Jahren, und die Menschen waren froh, wenn sie zu Hause gemütlich vor ihrem Kaminfeuer sitzen konnten und nicht in das lausig kalte Wetter hinaus mußten.

Einige junge Offiziere hatten sich bei einem Kameraden in einem Haus vor den Toren der Stadt versammelt, unter ihnen der 18jährige Gardeoffizier Martin. Man erzählte sich so dies und das. Vor allem aber waren die Kameraden des Martin stolz darauf, schon so manchen blutigen Kampf und Krieg bestanden zu haben. Nur Martin konnte sich nicht so recht in diesem Gerede wiederfinden. Überhaupt, er war nicht mit Leib und Seele Soldat. In Pavia hatte er das Christentum kennengelernt, und es zog ihn mehr dahin, Leben zu schützen und zu bewahren, als es zu vernichten. Als er die großspurigen Reden seiner Offizierskameraden nicht länger mit anhören wollte, verabschiedete er sich und ritt alleine durch die kalte Nacht nach Hause. Unterwegs zog er seinen Soldatenmantel noch enger, um sich gegen den eisigen Wind und den ersten Schnee zu schützen.

Er war schon hinter den Toren der Stadt, als plötzlich sein Pferd scheute und Martin am Rande der Straße einen Bettler sah. In wenige Lumpen gehüllt, kauerte er sich zusammen, um sich ein wenig zu wärmen. Aus seinem zerfurchten Gesicht blickten zwei traurige Augen Martin an, und scheu und mutlos streckte der Mann seine Hand nach dem jungen Offizier aus. Allein, der Alte hatte schon so viel Abscheu erfahren, daß er nicht mehr an die Hilfe von Menschen glauben mochte. Am allerwenigsten erhoffte er sich die Hilfe eines jungen Gardeoffiziers.

In der harten Ausbildung des Militärs hatte Martin vergessen, daß er weinen konnte. Aber jetzt begann er zu weinen wie ein Kind. Warum mußte das sein? So viele Häuser, so viele Menschen, die zu dieser Stunde gemütlich zusammensaßen – und doch war dieser Mann ohne ein Dach über dem Kopf und ganz allein. Martin stieg aus seinem Sattel und tat das Schönste und Sinnvollste, was vielleicht jemals mit einem Soldatenmantel getan wurde. Er hieb seinen Mantel in der Mitte hindurch und umhüllte das zitternde, zusammengekauerte Häufchen Leben mit der einen Hälfte seines wärmenden Mantels. Da schaute ihn der alte Bettler an, und ein Lächeln huschte über sein Gesicht, das wie ein kleines Licht in der dunklen Nacht leuchtete.

Komm, wir teilen uns die Laterne!

Schon mehrere Tage vor dem Martinsfest basteln die Kinder im Kindergarten eifrig an ihren Laternen. Martin hat von der Mutter den Deckel einer Käseschachtel mitbekommen, und die Erzieherin hat ihm ein großes Stück festes Butterbrotpapier zugeschnitten. Da malt er mit Wachsstiften lustige bunte Figuren drauf: einen großen runden Mond, dann noch einen halben Mond und viele Sterne.

Nun versucht er noch, einen bunten Hahn zu malen. Peter, der neben ihm sitzt, muß lachen. „Soll das ein Nilpferd sein oder eine Kuh?" fragt er. Martin wird wütend. „Deine Kürbislaterne sieht aus wie ein Gespensterkopf", schimpft er, „oder wie Dracula!" Bärbel mag nicht, wenn die Jungen sich streiten. „Ich hab' gleich gemerkt, daß du einen Hahn malen willst", sagt sie, „an den bunten Federn am Schwanz habe ich das gesehen!" Nun ist Martins Laterne fertig. Die Erzieherin hilft ihm, den Bügel zu befestigen und den Stab durchzuziehen. Das kleine Teelicht klebt Martin selbst hinein.

Die Kinder gucken aus dem Fenster. „Hoffentlich wird es heute ganz schnell dunkel", rufen sie, „wir wollen doch beim Martinszug unsere Laternen ausprobieren!" Als es Abend wird, ziehen aus vielen Straßen die Kinder mit ihren Laternen herbei. Es sieht schön aus, wie die vielen Sonnen und Monde, die Hähne und Gänse in der Dunkelheit hin und her schwanken.

An der Spitze des Zuges reitet der heilige Martin mit seinem leuchtendroten Mantel auf einem weißen Pferd. Als die Musikkapelle anfängt zu spielen, singen die Kinder stolz ihre Laternenlieder und Martinslieder mit. Martin geht neben Bärbel her. Ganz vorsichtig trägt er seine Laterne. Ab und zu, wenn ein Windzug kommt, hält er schützend die Hand darüber. „Guck mal", sagt er, „die Schwanzfedern vom Hahn leuchten ganz besonders hell!" Vor ihnen geht Peter. Er hält seine Kürbislaterne ganz stolz an einem Stock hoch. Den Mund hat er so geschnitten, daß das Kürbisgesicht richtig fröhlich lacht.

Auf einmal stolpert Peter über einen Kantstein. Die Kürbislaterne fällt zu Boden und kullert ein paar Meter weit über das Pflaster. Das Licht ist ausgegangen. Peter springt hin und hebt den Kürbiskopf auf. Ganz schief sieht der Mund jetzt aus, und die eine Seite ist ganz platt gedrückt. „Meine schöne Laterne", jammert er, „ich hab' mir solche Mühe damit gegeben!"

„Nimm sie in die andere Hand", tröstet Martin ihn, „komm, du darfst die ganze Lerchenstraße lang meine Laterne nehmen, nachher in der Lindenstraße gibst du sie mir wieder, und am Schluß kriegst du sie noch mal!" – „Das finde ich aber toll von dir, Martin!" sagt Peter, und ganz fröhlich singen sie gemeinsam „Laterne, Laterne". Weithin schallen die Lieder in die Nacht hinaus.

Barbara Cratzius

14

Laterne, Laterne

Worte und Melodie: traditionell

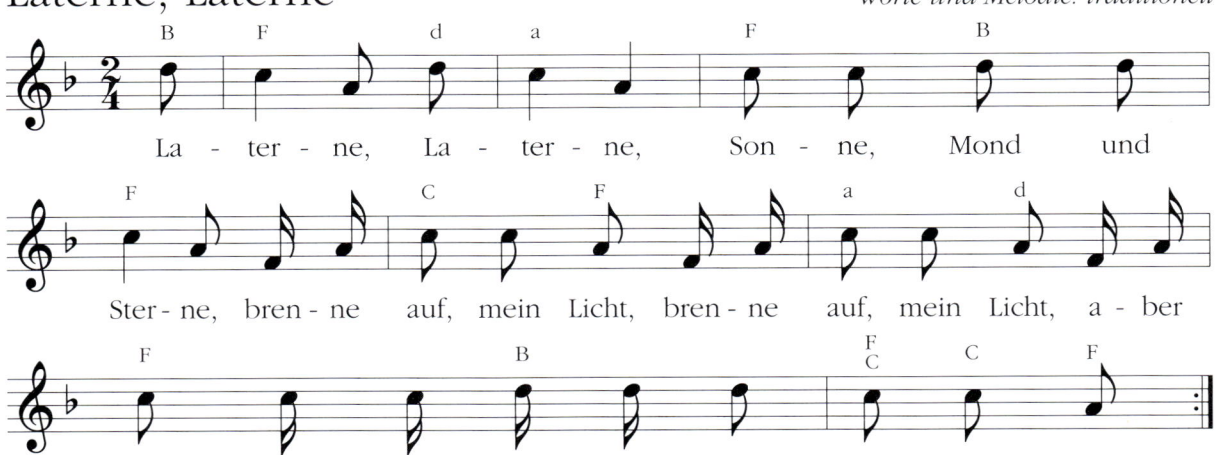

La - ter - ne, La - ter - ne, Son - ne, Mond und

Ster - ne, bren - ne auf, mein Licht, bren - ne auf, mein Licht, a - ber

nur mei - ne lie - be La - ter - ne nicht.

Ich geh' mit meiner Laterne

Laternenlied aus Holstein

1. Ich geh' mit mei - ner La - ter - ne und mei - ne La - ter - ne mit mir.
   Da o - ben leuch - ten die Ster - ne, hier un - ten leuch - ten wir:

Erst einer, dann alle

Ein Lich - ter - meer zu Mar - tins Ehr! Ra - bam - mel - ra - bom - mel - ra - bumm!

2. Ich geh' …
Der Martinmann, der zieht voran.
Rabammel - rabommel - rabumm!

3. Ich geh' …
Wie schön das klingt, wenn jeder singt!
Rabammel - rabommel - rabumm!

4. Ich geh' …
Ein Kuchenduft liegt in der Luft!
Rabammel - rabommel - rabumm!

5. Ich geh' …
Beschenkt uns heut, ihr lieben Leut!
Rabammel - rabommel - rabumm!

6. Ich geh' …
Mein Licht ist aus, ich geh' nach Haus.
Rabammel - rabommel - rabumm!

Da draußen weht der Wind so kalt

1. Da drau-ßen weht der Wind so kalt; ein Bett-ler sitzt am — Win-ter-wald, mit
Lum-pen nur be-klei-det. Gar froh-ge-mut und — sor-gen-frei kommt
ei-ne Rei-ter-schar vor-bei; der Bett-ler Käl-te — lei-det.

2. Sankt Martin führt die Rotte an,
ein großer starker Reitersmann
auf einem stolzen Schimmel.
Ein Mantel hüllt ihn schützend ein,
und Raben krächzend ihn umschrein;
es schneit aus hohem Himmel.

3. Der Bettler streckt die Hand empor
und bittet um ein willig Ohr,
erhebt sich von der Erde.
Sankt Martin hält die Rosse an,
und vor dem armen Bettelmann
stehn Reiter still und Pferde.

4. Und mittendurch im Augenblick
teilt er den Mantel in zwei Stück'
– tät sich nicht lang besinnen –
und reicht die eine Hälfte dann
dem überraschten Bettelmann
und wendet sich von hinnen.

5. Die Reitersknechte, rauh und grob,
sind still und ganz erstaunt darob
und hören auf zu scherzen.
Sankt Martin reitet schweigend fort;
der Bettler ruft ein Dankeswort
aus überfrohem Herzen.

6. Sankt Martin, edler Reitersmann,
rühr du auch unsre Herzen an,
damit sie froh sich weiten,
daß mit dem Nächsten in der Not
wir gerne teilen unser Brot,
so jetzt und alle Zeiten!

Text: Heribert Teggers
Melodie: Adolf Lohmann
© Christophorus-Verlag, Freiburg i. Br.

Die Sterntaler

Es war einmal ein kleines Mädchen, dem waren Vater und Mutter gestorben, und es war so arm, daß es kein Kämmerchen mehr hatte, darin zu wohnen, und kein Bettchen mehr, darin zu schlafen, und endlich gar nichts mehr als die Kleider auf dem Leib und ein Stückchen Brot in der Hand, das ihm ein mitleidiges Herz geschenkt hatte. Es war aber gut und fromm. Und weil es so von aller Welt verlassen war, ging es, im Vertrauen auf den lieben Gott, hinaus ins Feld. Da begegnete ihm ein armer Mann, der sprach: „Ach, gib mir etwas zu essen, ich bin so hungrig." Es reichte ihm das ganze Stückchen Brot und sagte: „Gott segne dir's!" und ging weiter. Da kam ein Kind, das jammerte und sprach: „Es friert mich so an meinem Kopf, schenk mir etwas, womit ich ihn bedecken kann." Da tat es seine Mütze ab und gab sie ihm. Und als es noch eine Weile gegangen war, kam wieder ein Kind und hatte kein Leibchen an und fror, da gab es ihm seins; und noch weiter, da bat eins um ein Röcklein, das gab es auch von sich. Endlich gelangte es in einen Wald, und es war schon dunkel geworden, da kam noch eins und bat um ein Hemdlein, und das fromme Mädchen dachte: Es ist dunkle Nacht, da sieht dich niemand, du kannst wohl dein Hemd weggeben, und zog das Hemd ab und gab es auch noch hin. Und wie es so stand und gar nichts mehr hatte, fielen auf einmal die Sterne vom Himmel und waren lauter blanke Taler. Und obwohl es sein Hemdlein weggegeben hatte, so hatte es ein neues an, und das war vom allerfeinsten Linnen. Da sammelte es sich die Taler hinein und war reich für sein Lebtag.

Gebrüder Grimm

17

Sankt-Martins-Laternenfest

St. Martin ist wie wenige andere Feste geeignet
für ein Laternenfest in der Familie. Besonders
schön ist es, wenn man sich mit einigen be-
freundeten Familien zusammenschließt und
für die Zeit nach dem Fackelzug verabredet.
Die Vorbereitungen für den Abend sollten
schon einige Tage vorher beginnen, der Raum
entsprechend geschmückt sein. Einzige Licht-
quelle sind selbstgebastelte Martinsfackeln und
Tischlaternen etwa zum Thema „Tausendund-
eine Nacht".
Zu einem gelungenen Laternenfest gehören
auch einige süße Sachen oder ein gutes Essen.
Backen Sie mit Ihren Kindern zum Beispiel
Weckmänner oder Sternenkekse. Das geht
auch kleinen Bäckern gut von der Hand und
macht ihnen viel Freude. Die Wartezeiten
während des Backens lassen sich gut über-
brücken, indem man gemeinsam Geschichten
anhört oder Bratäpfel vorbereitet. Wer es anspruchsvoller mag, kann sich an eine Martinsgans wagen. Als Getränke bieten sich heiße
Schokolade, Glühwein oder ein alkoholfreier
Sankt-Martins-Punsch an.
Zu Beginn des Abends liest ein Erwachsener
die Martinslegende oder eine andere passende
Geschichte vor. Ein kleiner Fackelzug durch
die eigene Wohnung kann sehr viel Freude
machen, besonders dann, wenn man dazu
Martinslieder singt. Danach kann man sich fa-
milienweise zusammensetzen, über den Sinn
des Martinsfestes und darüber nachdenken,
wo und wie man was in den kommenden Wochen miteinander teilen kann. Gerade die Adventszeit gibt da viele Möglichkeiten. Man
könnte in der Familie, anstatt fernzusehen,
mehr Zeit miteinander teilen beim Spielen, Basteln oder Wandern. Andere überlegen sich
vielleicht, wie man älteren, bedürftigen oder
fremden Menschen etwas Gutes tun kann. Die
Ergebnisse sollten mit bunten Filzstiften auf
eine vorbereitete Fackel aus Transparentpapier
geschrieben werden, die während der kommenden Wochen auf dem Familientisch, im
Adventskranz und später sogar an der Weihnachtskrippe ihren Platz findet. Dann ist aber
dringend Zeit, sich mit Weckmännern, Brat-
äpfeln oder einer Martinsgans zu stärken und
den Abend gemütlich ausklingen zu lassen.

Bratäpfel

Entfernen Sie mit einem Apfelausstecher das
Kerngehäuse aus den Äpfeln. Setzen Sie die
Äpfel auf eine feuerfeste Auflaufform, und füllen Sie sie mit Walnüssen und Rosinen. Geben
Sie etwas Rumaroma oder Rum hinzu, und
schließen Sie die Äpfel mit einem Löffel Mar-
melade und einer Butterflocke. Im vorgeheizten Backofen bei 220 Grad etwa eine halbe
Stunde backen. Die Bratäpfel mit Mandelstif-
ten bestreuen und Eiskugeln servieren.

Weckmänner

Bereiten Sie einen süßen Hefeteig vor. Während er aufgeht, schneiden Sie aus Pappe eine ca. 30 cm hohe Schablone für den Weckmann. Den Teig durchkneten, 1 cm dick ausrollen und nach der Schablone ausschneiden. Die Weckmänner mit gequirltem Eigelb bestreichen und mit Rosinen und Mandeln verzieren. Noch einmal 15 Minuten gehen lassen. Im vorgeheizten Backofen auf der mittleren Schiene bei 200 Grad 15 Minuten abbacken.

Alkoholfreier Sankt-Martins-Punsch

Zwei Teelöffel Malven- oder Hagebuttentee mit einer halben Zimtstange, einem halben Teelöffel Nelken und einem Eßlöffel Kandis mit heißem Wasser aufgießen und fünf bis zehn Minuten ziehen lassen. Durch ein Teesieb gießen. Dann den Saft von sechs Orangen und einer halben Zitrone hinzugießen und den Sankt-Martins-Punsch heiß servieren.

Süße Sachen

19

Wir basteln Martinslaternen

St. Martin ohne Laterne ist langweilig. Darum sind Groß und Klein herzlich zum Laternenbasteln eingeladen. Probieren Sie es. Laternenbasteln ist kinderleicht und macht Riesenspaß.

Material: Joghurtpaletten oder anderes Verpackungsmaterial mit gestanzten Löchern, buntes Transparent- oder Seidenpapier, eventuell Abtön- oder Bastelfarbe, Klebstoff, Draht. *Werkzeug:* Schere (Teppichmesser), eventuell Pinsel, Wäscheklammern.

Anleitung: Die gelochten Pappen werden abgeschnitten und dann zur Laternenform geknickt oder gebogen. Beim Zusammenkleben helfen die Wäscheklammern. Das Grau der Pappe verschwindet schnell unter einem Anstrich mit Abtön- oder Bastelfarben. Die Löcher werden einzeln oder in Gruppen farbig mit Transparentpapier hinterklebt. Für die Kerze muß noch ein stabiler Boden aus Pappe eingeklebt werden. Zum Aufhängen der Laternen eignet sich gut Bindedraht. Um das Ausreißen der Laternenwände zu vermeiden, kann man, bevor die Löcher für die Aufhängung eingestochen werden, kleine Pappstücke zur Verstärkung aufkleben.

Tip: Die Beleuchtung von Laternen mit Kerzen ist besonders schön und stimmungsvoll; damit diese Beleuchtung aber nicht zur Gefahr wird, sollten Sie folgende Tips beachten:

- Kerzen müssen festen Stand haben;
- Hitze muß nach oben abziehen können;
- Laternenwände sollten ca. 10 cm von der Kerze entfernt sein;
- Watte und leicht entflammbare Kunststoffe vermeiden.

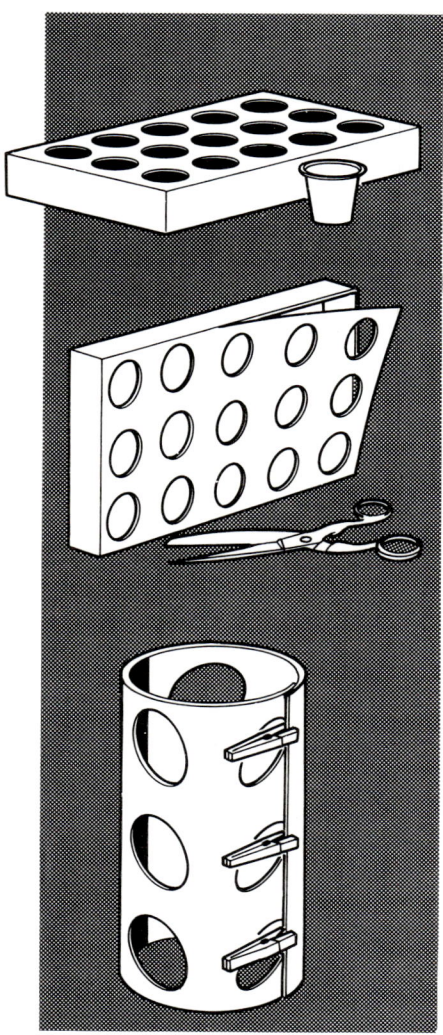

Aus alt mach neu

Retten Sie Joghurtpaletten vor dem Müll. Die mittlere Laterne in der unteren Reihe zeigt ein dekoratives Gittermuster. Es entsteht dadurch, daß zwei gelochte Pappen versetzt aufeinander geklebt wurden.

21

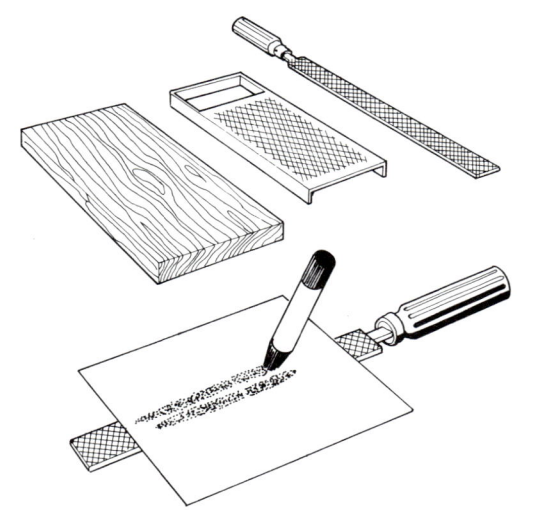

Legen Sie Papier auf einen rauhen Gegenstand, und reiben Sie mit einem Wachsmalstift gleichmäßig darüber. Oder tränken Sie eine alte Zahnbürste mit Wasserfarbe, und bürsten Sie so über ein Sieb, daß sich die feinen Farbspritzer gleichmäßig über ein Blatt verteilen, auf das Sie zuvor feste Schablonen aus Pappe gelegt haben. Sie werden staunen, was man mit der Rubbel- und Schablonentechnik erreicht.

Material: Waschmittelkarton (eckig oder rund), Seiden- oder Transparentpapier, Abtönfarbe, Klebstoff.

Werkzeug: Teppichmesser, Schere, Borstenpinsel.

Anleitung: Für diese Laternen eignen sich nicht nur alle Waschmittelkartons, sondern auch alle anderen festen Pappdosen bis hin zu Milchtüten. Die Vorarbeit muß hierbei sicher ein Erwachsener leisten, denn das Einschneiden der Fenster ist je nach Dicke des Kartons nur mit einem Teppichmesser möglich. Auch schon die Kleinsten können den so entstandenen Laternenkörper anstreichen. Für die Gestaltung der Laternenfenster gibt es dann viele verschiedene Möglichkeiten. Durchscheinendes Papier kann mit bunten Pappstücken beklebt, mit Buntstiften bemalt, mit Stempeln bedruckt oder mit Hilfe von Schablonen mit Farbe besprüht werden.

1001 Idee für Laternen aus 1001 Nacht

Lassen Sie Ihrer Phantasie freien Lauf! Nicht jede Laterne muß gleich aussehen. Als weitere Themenbereiche eignen sich Martinslegenden, Nikolauslegenden, Sagen, Märchen, Fabelwesen . . .

23

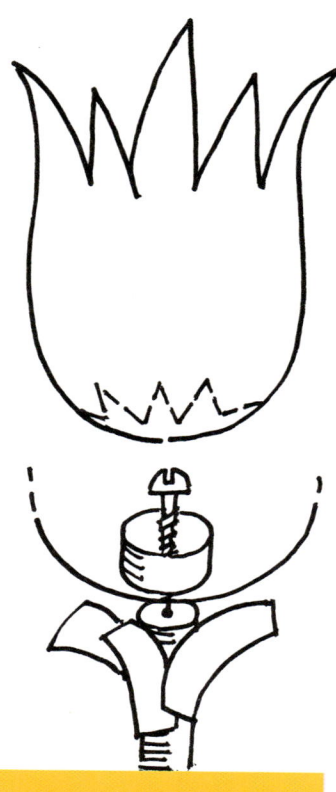

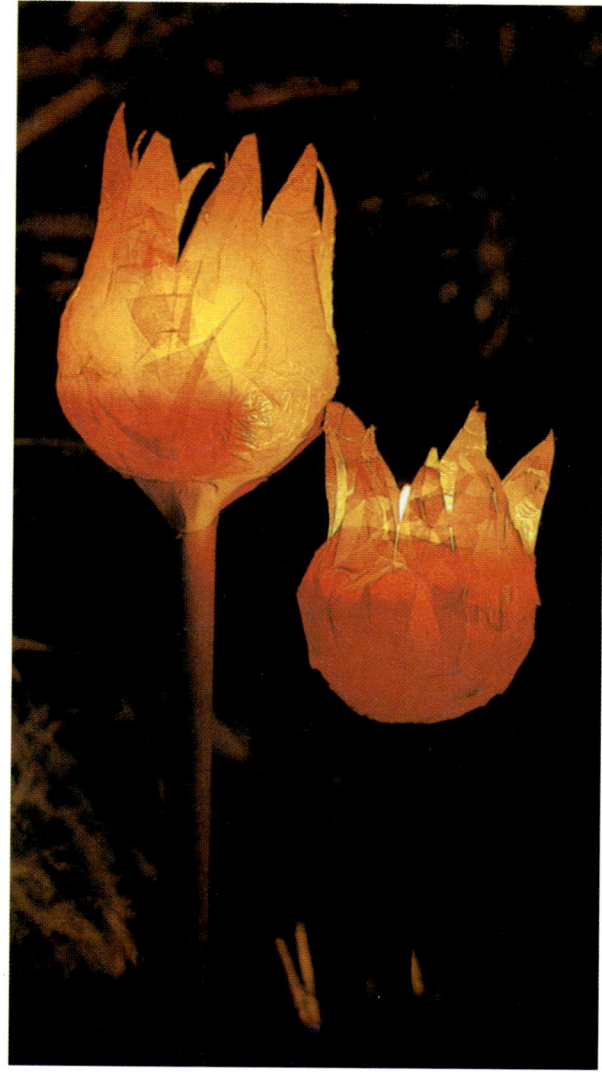

Material: Luftballon, Transparentpapier, Tapetenkleister, Wasser, halber Besenstiel oder Stock, Teelicht, Klebstoff, 1 Holzschraube.

Werkzeug: Schere, Schale, Schraubenzieher.

Ballonlaternen

Anleitung: Das Transparentpapier muß zunächst in handtellergroße Stücke gerissen werden. Diese taucht man nun in Wasser und legt sie auf einen aufgeblasenen Ballon so auf, daß sie sich überlappen. Für die zweite und dritte Schicht werden die Papierstücke in Kleister gelegt und dann aufgelegt. Jetzt kann der Luftballon auf einer kleinen Schale trocknen.

Wenn die Transparentpapierschicht ganz hart geworden ist, schneidet man mit einer Schere an der Stelle ein, an der später die Öffnung für die Kerze sein soll. Der geplatzte Ballon kann aus der Papierhülle gezogen werden. Sollte sich beim Einstechen auch das Papier zusammengezogen haben, ist das nicht weiter schlimm; man bläst kräftig hinein und erhält wieder die alte Form. Die Zeichnung zeigt die Befestigung am Stock.

Die Kerze,
die nicht brennen wollte

Nein, das hatte es noch nicht gegeben. Eine Kerze, die nicht brennen wollte, war absolut einmalig. Es herrschte große Aufregung unter den Kerzen im Wohnzimmer – zumal bald Weihnachten gefeiert werden sollte und die Kerzen mit ihrem festlichen Glanz die Dunkelheit verwandeln wollten. Eine alte, erfahrene Kerze bot sich an, mit der kleinen zu reden.

„Nein, ich möchte nicht brennen", antwortete die Kleine störrisch. „Wer brennt, verbrennt recht bald, und dann ist es um ihn geschehen. Ich möchte bleiben, wie ich bin – so schlank, so schön und so elegant."

„Wenn du nicht brennst, bist du tot, noch bevor du gelebt hast", antwortete die Alte gelassen. „Dann bleibst du auf ewig Wachs und Docht, und Wachs und Docht sind nichts. Nur wenn du dich entzünden läßt, wirst du, was du wirklich bist."

„Na, da danke ich schön", entgegnete die Kleine ängstlich. „Ich möchte mich nicht verlieren, ich möchte lieber bleiben, was ich jetzt bin. Gut, es ist etwas langweilig und manchmal etwas dunkel und kalt, aber es tut noch lange nicht so weh wie die verzehrend flackernde Flamme."

„Man kann es eigentlich nicht mit Worten erklären, man muß es erfahren", antwortete die Alte rätselhaft. „Nur wer sich hergibt, verwandelt die Welt, und indem er die Welt verwandelt, wird er auch mehr er selbst. Du darfst nicht über das Dunkel und die Kälte klagen, wenn du nicht bereit bist, dich anstecken zu lassen."

Da ging der kleinen Kerze plötzlich ein Licht auf. „Du meinst, man ist das, was man von sich herschenkt?"

„Ja", antwortete die Alte. „Man bleibt dabei nicht so schlank, so schön und so elegant. Man wird gebraucht und gerät auch etwas aus der Form. Aber man ist mächtiger als jede Nacht und alle Finsternis der Welt."

So geschah es, daß die kleine Kerze ihren Widerstand aufgab und sich entzünden ließ. Je mehr sie flackerte, um so mehr verwandelte sie sich in reines Licht und leuchtete und strahlte, als gelte es die ganze Welt zu wärmen und alle Nächte hell zu machen. Wachs und Docht verzehrten sich, aber ihr Licht leuchtet bis auf den heutigen Tag in den Augen und Herzen all der Menschen, für die sie brannte.

Advent

oder Warum wir auf einen grünen Zweig kommen

Lebenszeichen *oder* Der Zauber einer geheimnisvollen Zeit

Der Advent ist eine Zeit voller Geheimnisse. Die Bäume sind kahl, und wir schmücken unsere Wohnungen mit Kränzen aus frischem Tannengrün. Das Dunkel der längsten Abende des Jahres verzaubert Kerzenglanz. Es ist, als ob wir Lebenszeichen von uns geben, die Mut machen sollen: Wenn jetzt auch nichts mehr wächst – wir kommen auf einen grünen Zweig. Wenn die Nächte auch übermächtig zu werden scheinen – das Licht besiegt das Dunkel. Wir trauen uns zu träumen, Sehnsüchte erwachen. Das Leben könnte auch ganz anders sein: bunter, bewußter – vielleicht so, wie wir es als Kind erlebten. In alldem liegen uralte Menschheitserinnerungen beschlossen. Bilder, Bräuche und Symbole machen sie greifbar und begreifbar.

Schon seit dem 5. Jahrhundert feiern die Christen den Advent. Sie denken daran, wie das Volk Israel Jahrtausende auf den Messias wartete, von dem es sich die Erfüllung seiner Sehnsüchte versprach. Sie gehen schwanger mit der Geschichte eines kleinen Kindes, in dem Gott auf der Erde zu atmen begann. Sie machen sich auf den Weg nach Weihnachten und spüren, wie dieser Weg sie ein wenig verwandelt und die Menschlichkeit Jesu in ihrem Leben Hand und Fuß bekommen kann.

Das ist der Zauber dieser Zeit: Sie zeigt, wie wir auf einen grünen Zweig kommen. Sie erzählt von liebenswerten Menschen und einem menschenfreundlichen Gott, von Taten und Träumen, von Stille und Staunen, von Wünschen und Warten, von Phantasie, Vertrauen und davon, daß wir Menschen Mut haben dürfen. Denn keiner, der den Weg nach Weihnachten wagt, geht ihn vergebens.

Von Kränzen ...

Weidenkranz
mit Goldkerzen

Anleitung: Zunächst kleben Sie eine Kerze auf den Weidenkranz, anschließend genau gegenüber die restlichen drei Kerzen. Einzeln oder in Dreiergruppen werden die Kunstfrüchte befestigt, bevor das Koniferengrün und die Grasbüschel, dem Verlauf der Weidenruten folgend, eingesteckt und angeklebt werden. Mit dem Zierband werden zwei Schlaufen gebunden und mit Steckdraht direkt neben zwei Kerzen angebracht. Besprühen Sie abschließend das Koniferengrün mit etwas Sprühkleber und streuen Goldsternchen darüber.

Festliche Adventskränze für die Familie

Material: Kranz aus ungeschälter Weide mit einem Durchmesser von ca. 20 cm, Koniferengrün, feine Gräser, 4 goldfarbene Kerzen von 5 cm Höhe, 8 goldfarbene Kunstfrüchte, goldfarbenes Zierband von 1–2 cm Breite, Goldsternchen, Steckdraht.

29

Wie der erste Adventskranz erfunden wurde

Der Wind pfeift kalt durch die Gassen der Stadt. Es ist schon dunkel, und erster Schnee fällt vom Himmel an diesem 20. November des Jahres 1848. Der evangelische Pastor Johann Hinrich Wichern schlägt den Kragen seines Mantels hoch. Wie jeden Abend sucht er in Hamburg nach Kindern, die kein Zuhause haben, auf den Straßen betteln oder sich als Diebe durchs Leben schlagen müssen.

Vor einiger Zeit hat er ein Waisenhaus, das sogenannte „Rauhe Haus", gegründet. Hier können diese Kinder wohnen, essen, schlafen und einen Beruf lernen. An diesem Abend ist Johann Hinrich Wichern sehr, sehr nachdenklich. Er überlegt, wie er mit den Kindern die Adventszeit gestalten kann. Als er hinter einem befrorenen Fenster eine kleine Kerze munter flackern sieht, kommt ihm eine Idee. Wie wäre es, denkt er, wenn wir jeden Abend im Advent eine Andacht feiern würden. Ich erzähle den Kindern, wir singen gemeinsam Lieder und zünden bei jeder Feier eine neue Kerze an.

Wenige Tage später hängt ein gewaltiger Holzreifen von zwei Meter Durchmesser in Pastor Wicherns Kirche. Abend für Abend versammelt er sich dort mit den Kindern, und Abend für Abend leuchtet der Kranz heller, bis er am Weihnachtsfest wie ein großer Stern strahlt.

Die Kinder aber haben eine solche Freude an den gemeinsamen Feiern und dem Lichterkranz, daß sie den Holzreif mit frischem Tannengrün schmücken.

So kam es, daß vor über 100 Jahren in Hamburg der erste Adventskranz hing. Pastor Wicherns Idee sprach sich schnell herum. Es dauerte nicht lange, da entzündeten viele Familien in der Adventszeit die Kerzen auf dem Lichterkranz. Seither erinnert der Adventskranz daran, daß das Leben stärker ist als der Tod und daß es besser ist, ein kleines Licht anzuzünden, als über die Finsternis zu klagen. Denn alle Finsternis der Welt kann das Licht einer einzigen Kerze nicht löschen.

Tischkranz mit Kugelkerzen

Anleitung: Binden Sie das Tannengrün auf den zuvor mit Floristenband umwickelten Drahtreif gegen den Uhrzeigersinn. Zwei Steckdrahtstücke, über einer Flamme erhitzt, werden mit Hilfe einer Flachzange in den Kerzenboden gedrückt. Stecken Sie die Kerzen in regelmäßigen Abständen in den Kranzwulst und biegen die Drahtenden an der Kranzunterseite um. An zwei einander gegenüberliegenden Stellen zwischen den Kerzen werden angedrahtete Lärchenzapfen und mit Steckdraht zusammengefaßte Rispengrasbüschel eingesteckt. Golden besprühte Efeublätter, die Sie aufkleben, sowie zwei rote Schleifen werden auf den noch freien Bereichen arrangiert. Verteilen Sie die roten Sterne, und spannen Sie anschließend Bouillondraht zur Auflockerung kreuz und quer über den ganzen Kranz.

Material: Drahtreif von ca. 20 cm Durchmesser, grünes Floristenband, Tannengrün, Lärchenzapfen, Efeublätter, rotgefärbtes Rispengras, rote Sterne aus dem Fachhandel, rotes Zierband in 3 cm Breite, 4 rote Kugelkerzen von 6 cm Durchmesser, Wickel, Steck- und Bouillondraht, Goldspray.

Den traditionellen Adventskranz kann man alle Jahre modern gestalten, wenn man sich nach neuen Schmuckelementen umsieht.

Hängekranz mit weißen Bändern

Material: Strohkranz von 40 cm Durchmesser, 8 große Kiefernzapfen, Kiefernzweige, Mistelzweige, skelettierte Blätter aus dem Fachhandel, Gräser, 1 Holzring von 7 cm Durchmesser, weißes Band von 3 cm Breite, 8 weiße Kerzen 9 und 12 cm lang, braunes Farbspray, Steckdraht.

Anleitung: Der Strohkranz wird leicht braun besprüht. Schneiden Sie zunächst zwei weiße Bänder auf ca. 2,50 m zu, und ziehen Sie die Hälfte des einen Bandes durch den Holzring. Die Bandenden werden an zwei einander genau gegenüberliegenden Stellen um den Kranzwulst gelegt und zusammengeklebt. Ziehen Sie nun das zweite Band halb durch den Ring, und befestigen Sie es wie zuvor. Nach dem Trocknen des Klebstoffs wird der Kranz am Ring aufgehängt. Damit die Bänder nicht verrutschen, nehmen Sie ein Bandstück à 1 m, legen seine Mitte um die Bänder knapp unter dem Holzring und verknoten es. Um die Klebestellen unmittelbar über dem Kranzwulst zu verdecken, wird ein 80 cm langes Band mittig so gefaltet, daß ein rechter Winkel entsteht, und auf diese Stellen geklebt. Zwischen die Bänder kleben Sie in regelmäßigen Abständen jeweils eine lange und eine kurze Kerze. Die Kiefernzweige werden mit dem Messer angespitzt, dort mit etwas Klebstoff bestrichen und in den Strohkranz gesteckt. Fassen Sie die Gräser mit Steckdraht zu vier Büscheln zusammen, und kleben Sie diese jeweils zusammen mit einem skelettierten Blatt unterhalb der Kerzenpaare am Strohkranz fest. Die Kiefernzapfen werden beidseitig der Kerzenpaare angebracht. Mit einem schmalen weißen Band wird der Mistelzweig am Holzring befestigt.

32

Goldnes Licht auf grünen Zweigen

1. Gold-nes Licht, gol-de-nes Licht auf grü-nen Zwei-gen.
Hand in Hand schrei-ten wir den fro-hen Rei-gen.
Laßt uns gehn, laßt uns gehn nach Beth-le-hem,
laßt uns gehn, laßt uns gehn nach Beth-le-hem.

2. Zweites Licht –
du auch sollst den Weg uns zeigen.
Hand in Hand
schreiten wir den frohen Reigen.
Laßt uns gehn,
laßt uns gehn nach Bethlehem.

3. Drittes Licht –
hilf die Finsternis vertreiben.
Hand in Hand
schreiten wir den frohen Reigen.
Laßt uns gehn,
laßt uns gehn nach Bethlehem.

4. Viertes Licht –
sollst als Stern den Stall uns zeigen.
Hand in Hand
schreiten wir den frohen Reigen.
Laßt uns gehn,
laßt uns gehn nach Bethlehem.

5. Licht an Licht
brennt am Ziele unsrer Reise.
Gott ist da
still als Gast in unsrem Kreise.
Kind, wir stehn
froh vor dir in Bethlehem.

Text: Josef Guggenmos. Melodie: Fritz Baltruweit, aus: 52 Lieder der Hoffnung zum Kirchentag 1979 in Nürnberg. Textrechte beim Autor. Musikrechte im tvd-Verlag, Düsseldorf

Adventlied

Text: Rolf Krenzer. Musik: Ludger Edelkötter
aus: Wir feiern heut' ein Fest, 1989
© Impulse-Musikverlag, Drensteinfurt

Wenn uns-re Ker-ze brennt, dann fei-ern wir Ad-vent. Es
sagt das Licht mit sei-nem Schein: Gott wird stets bei uns sein. Wir
fei-ern den Ad-vent. Wir fei-ern den Ad-vent.

Eine Kerze zünde an

Text: Jutta Richter. Musik: Ludger Edelkötter
aus: Weil du mich so magst
© Impulse-Musikverlag, Drensteinfurt

1. Drau-ßen ist es bit-ter-kalt, Son-ne scheint nicht lang,
2. und die dunk-le Win-ter-nacht macht das Herz uns
bang. Ei-ne Ker-ze zün-de an, denn es ist Ad-vent.
Die-se dunk-le Nacht wird hell, wenn die Ker-ze brennt.

Ein Adventskalender
für den kleinen Gerhard

Der kleine Gerhard war ein ganz normales Kind – in jeder Beziehung. Jedes Jahr in der Adventszeit konnte er den Heiligen Abend kaum erwarten. Er wurde richtig kribbelig vor lauter Vorfreude. Tag für Tag fragte er seine Mutter, wann es denn nun endlich soweit sei. Da überlegte die Mutter, wie sie dem kleinen Gerhard das Warten verkürzen könnte. Sie erinnerte sich daran, wie sie als Kind an jedem Tag der Adventszeit, an dem sie besonders brav gewesen war, einen Strohhalm in die Holzkrippe legen durfte, um dem Christkind ein möglichst weiches Bett zu bereiten. Vor kurzem hatte sie gehört, wie eine andere Mutter ihren Kindern Weihnachtsgeschichten erzählt, zu denen sie Bilder gemalt hat. Allabendlich heftet sie ein neues Bild an die Tapete des Kinderzimmers – bis aus den 24 Bildern ein schönes, großes Krippenbild wird. Gerhards Mutter ging einen anderen Weg. Sie nahm einfach ein großes, viereckiges Stück Karton, teilte es in 24 gleich große Felder auf und beklebte jedes Feld mit einem kleinen Schächtelchen, in dem sie jeweils eine Süßigkeit oder ein kleines Spielzeug versteckte. Der Kalender machte für Gerhard die Zeit sichtbar. Bis zum Weihnachtsfest durfte er jetzt jeden Morgen ein Schächtelchen öffnen und so selbst die Tage zählen bis zum heißersehnten Heiligen Abend.

Der kleine Gerhard hat das nie vergessen. Als er schon groß und erwachsen war, gründete er eine Firma und stellte dort Adventskalender für Kinder her.

Dies alles trug sich schon vor beinahe hundert Jahren zu. Aber zu Ende ist die Geschichte, die mit dem Kalender für den kleinen Gerhard begann, bis heute nicht. Sie geht überall dort weiter, wo Eltern für ihre Kinder einen Adventskalender basteln, damit das Warten auf Weihnachten noch schöner und spannender wird.

... und Kalendern

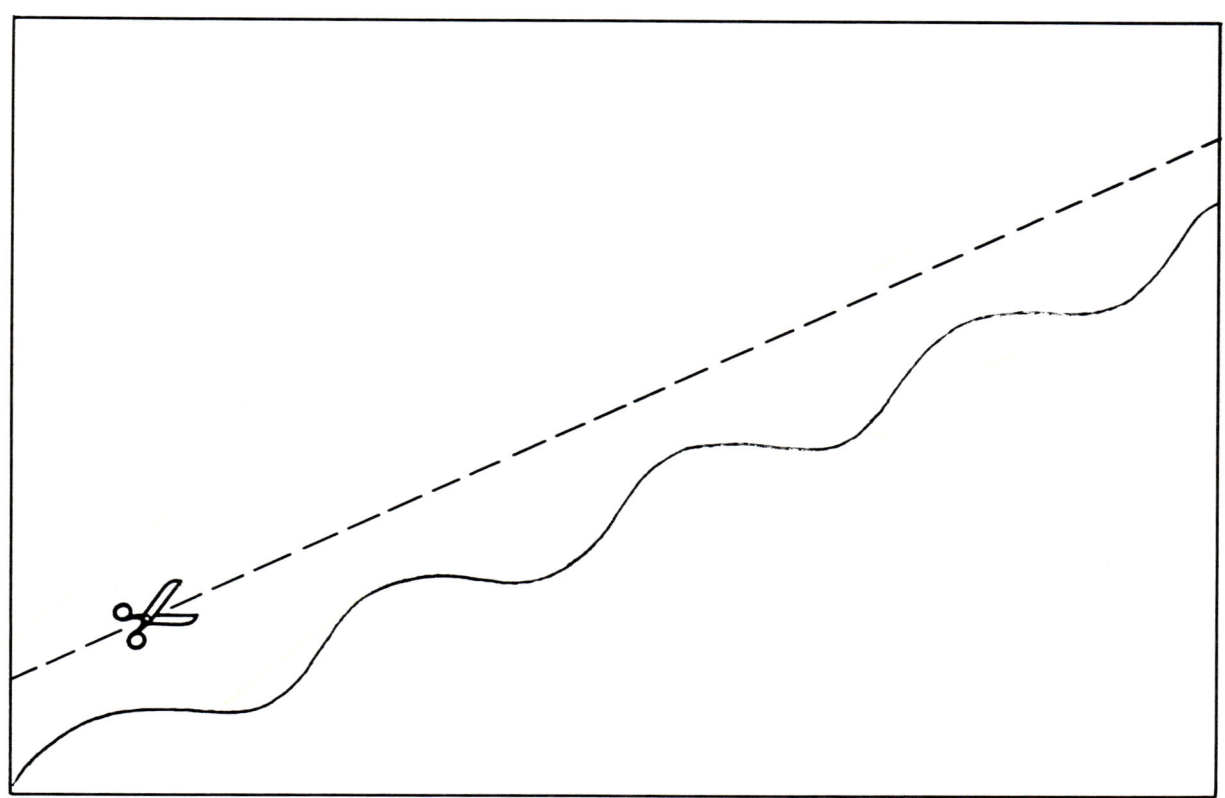

Anleitung: Zunächst halbieren Sie die 15 Bogen Tonpapier entlang der angegebenen Linie. Tragen Sie dann jeweils auf ein Blatt die Klebstofflinien auf, die in der Skizze mit Strichen gekennzeichnet sind, und legen Sie das nächste Blatt darauf. Auf dieses Blatt setzen Sie die Klebstofflinien auf, die mit Punkten angegeben sind.

Schneiden Sie dann mit sechs übereinanderliegenden Blättern die wellenförmige Außenlinie des Tannenbaums aus. Nachdem der Klebstoff etwas angetrocknet ist, werden 24 (0,5 cm breite) Einschnitte an der Unterkante angebracht, um die Geschenkbänder durchzuziehen.

Bestreichen Sie schließlich die beiden Außenseiten des Tannenbaums ganz mit Klebstoff, kleben Sie den aufgefalteten Baum auf einen festen Karton, und dekorieren Sie ihn mit einem Stern und den vier Kerzen, die sich leicht aus Buntpapierresten ausschneiden lassen.

Tannenbaum

Material: 15 Blatt grünes Tonpapier, 24 Zündholzschachteln, Geschenkpapierreste, Geschenkbänder, gelbes Buntpapier, schwarzer Karton, Zahlenetiketten.

Kerzenkinder

Eine nicht alltägliche Überraschung, wenn Sie einmal keine Süßigkeiten, sondern Gutscheine im Adventskalender verstecken wollen.

Material: Geschenk- und Buntpapierreste, violetter Plakatkarton, Regenbogenfarben-Buntpapier, Zahlenetiketten.

38

Mäuseweihnacht

Anleitung: Die Figuren werden aus bunten Papierresten, die 19 Köpfe aus haut- oder rosafarbenem Papier ausgeschnitten, das Gesicht jeweils aufgezeichnet, die Mützen und die Haare aufgeklebt. Für die Hände kleben Sie einen haut- oder rosafarbenen Papierstreifen schlaufenförmig so auf, daß die Papierenden jeweils unter den Ärmelansätzen versteckt sind.

Von oben beginnend setzen Sie nun die Papierkinder zusammen. Abschließend beschriften Sie die roten Gutscheinzettel und versehen sie mit einer gelben Flamme.

Material: Regenbogenfarben-Buntpapier, zwei gelbe Zehner-Eierschachteln, Karton, grünes Kreppapier, Scherenschnittpapier, 24 kleine Perlen.

Anleitung: Kleben Sie die Eierschachteln nebeneinander auf einen festen Karton. Schneiden Sie dann 24 Kreissegmente mit einem Radius von 4 cm aus Regenbogenfarben-Buntpapier aus, kleben Sie diese zu Kegeln. Die Ohren werden innen befestigt, die Augen aus Scherenschnittpapier ausgeschnitten. Schneiden Sie dann die Spitze des Kegels ab, und kleben Sie eine kleine schwarze Perle hinein. In den Vertiefungen der Eierschachteln lassen sich die kleinen Geschenke, Süßigkeiten oder Gutscheine verstecken und mit den Mäusen abdecken.

Nikolaus

Anleitung: Die Nikolausgrundform und alle übrigen Teile werden aus Vivelle ausgeschnitten und auf einem festen Untergrund aufeinandergeklebt.

Für die zwölf Knopf-Päckchen schneiden Sie 3 cm lange Stücke von einer Papprolle ab. Den Boden aus Tonpapier kleben Sie mit Zacken an der Rolle fest. Die Außenwand wird mit einem Streifen Vivelle so beklebt, daß dabei 1 cm in der Mitte des Streifens ohne Klebstoff bleibt. Die Deckel für die Päckchen werden aus festem Karton ausgeschnitten und mit Vivelle beklebt. Ein Streifen Tonpapier, der zwischen Seitenverkleidung und Papprolle festgeklebt wird, sorgt dafür, daß der Deckel nicht herunterfallen kann. Das andere Ende dieses Streifens wird an der klebstofffreien Stelle zwischen Vivelle und Rolle eingesteckt.

Die zwölf Socken werden aus Vivelle ausgeschnitten und an den Seiten verklebt, gelocht und mit einem Wollrest an die Hände des Nikolaus gebunden.

Material: Rotes, blaues, weißes, rosafarbenes, hellgrünes und dunkelgrünes Vivelle, blaues Tonpapier, Bristolkarton, Scherenschnittpapier, Papprollen, Wollreste.

Adventsdorf

Material: Dunkelgrüner Fotokarton im Format DIN A2, hell- oder dunkelgrünes, hell- und dunkelblaues, rotes, gelbes und weißes Tonpapier, Tapetenreste, Zahlenetiketten.

Anleitung: Zunächst brauchen Sie für die verschiedenen Teile Schablonen. Die Häuserteile schneiden Sie aus Tapetenresten, die Sterne und Tannen aus Tonpapier. Die Behälter, die zwischen die Motivteile geklebt werden, zeichnen Sie auf weißes Tonpapier und schneiden sie aus. Die Falzlinien zeichnen Sie mit dem Falzbein. Fügen Sie nun die Teile zusammen, wie auf der Abbildung ersichtlich.

Die fertigen Behälter kleben Sie zwischen die Häuser, hinter die Sterne, das Gebüsch, die Tannen und den Stall. Als nächstes falzen Sie den grünen Fotokarton 30 cm vom oberen Rand entfernt. Nun gestalten Sie Ihr Adventsdorf aus. Der grüne Weg mit den vier Sternen symbolisiert die Adventssonntage. An diesen Tagen gilt es, sich für die Kinder etwas Besonderes auszudenken.

Vor dem Adventskalender

Text: Barbara Cratzius. Musik: Ludger Edelkötter
aus: Uns gefällt die Weihnachtszeit, 1992
© Impulse-Musikverlag, Drensteinfurt

Kehrvers

Fen - ster, Fen - ster, groß und klein, was mag wohl da - hin - ter sein? Das er - ste Fen - ster mach' ich auf, seht her, ein Stern mit gold - nem Band. Den häng' ich ü - bers Spiel - zeug - bord ganz o - ben an die Wand, ganz o - ben an die Wand.

(Mit Fingerpuppen und anderen Requisiten zu spielen)

Fenster, Fenster, groß und klein,
was mag wohl dahinter sein?
Nun kommt das zweite Fenster dran,
da find' ich einen Wichtelmann,
der paßt genau in meine Hand,
der Wichtel lacht mich an.

Fenster, Fenster, groß und klein,
was mag wohl dahinter sein?
Das dritte Fenster – aufgepaßt,
aus Marzipan ein rosa Schwein.
Das steck' ich nicht gleich in den Mund,
ich will mich noch dran freun!

Fenster, Fenster, groß und klein,
was mag wohl dahinter sein?
Ein Schokoladenschlitten nun
mit Silberkufen, schaut doch her!
Der trägt den braunen Nüssesack
und einen Gummibär.

Fenster, Fenster, groß und klein,
was mag wohl dahinter sein?
Schaut her – ich seh' den Weihnachtsmarkt
bunt aufgemalt auf dem Papier.
Toll – Mutti – Vati – Omama,
sie gehen hin mit mir.

Fenster, Fenster, groß und klein,
was mag wohl dahinter sein?
Beim sechsten Fenster aufgepaßt,
da steht ein Nikolaus.
Der paßt genau auf meine Hand,
wann kommt er wohl ins Haus?

*Tip: Dieses Lied kann die Familie die ganze
Adventszeit hindurch begleiten. Der Kehrvers wird
von den Kindern gesungen. Dann können die
Kinder erzählen, was sie heute in ihrem Adventskalender entdeckt haben.*

1. Advent:

Von Taten und Träumen

Unvergessen selbstvergessen – Nikolaus und Barbara

„Er vergißt niemanden", sagte man, als er noch Bischof von Myra war, einer kleinen Stadt in der heutigen Türkei. Vielleicht haben die Menschen deshalb niemals St. Nikolaus vergessen. Er ist nicht nur der erste und prominenteste türkische „Gastarbeiter" bei uns. Wegen seiner bedingungslosen Güte und Kinderfreundlichkeit zählt er zu den populärsten Heiligen und wurde zum Schutzpatron der Schüler und Seefahrer, Kaufleute und Bäcker, Juristen, Diebe und Gefangenen. Wahrscheinlich lebte Nikolaus zur Zeit Kaiser Konstantins an der Wende zum 4. Jahrhundert. Es wird berichtet, daß seine Eltern starben, als Nikolaus noch sehr jung war. Sie vererbten ihm einen großen Besitz, mit dem er ein bequemes Leben hätte führen können. Nikolaus aber verwandte seinen Reichtum, um ihn mit anderen zu teilen. Weit über hundert Legenden erzählen, mit welcher Aufmerksamkeit, Zärtlichkeit und Sensibilität Nikolaus die Not anderer Menschen wahrnahm. Sie berichten, wie er einfach zupackte, um zu helfen. Vermutlich verschmolzen diese Legenden später mit Geschichten über eine zweite Gestalt gleichen Namens, den Abt Nikolaus vom Sions-Kloster nahe Myra, der gegen Mitte des 6. Jahrhunderts lebte.

44

Zuerst nur von den Christen im Orient und in Rußland verehrt, dringt der Ruf und Ruhm des großen Heiligen mit der Überführung seiner Gebeine ins italienische Bari im Jahr 1087 auch nach Europa vor und verbreitet sich schnell im ganzen Abendland.

Schon bald entsteht ein buntes Brauchtum um den ebenso liebenswerten wie beliebten Heiligen. So wurde während des Mittelalters die an Klosterschulen übliche Wahl eines „Kinderbischofs" auf den Nikolaustag verlegt. Dem Kinderbischof war für diesen Tag alle Macht im Kloster übertragen. Ihm mußten die Mönche im sogenannten Schuldkapitel ihre Sünden bekennen, er lobte und rügte sie, hielt sie mit Narretei zum besten, und bisweilen beschenkte er sie auch. Unsere Nikolausbräuche gehen zum Teil auf diese Gepflogenheiten zurück. Interessanterweise wurde die Herrschaft der Kinder zu späterer Zeit aber durch den Besuch des Nikolaus bei den Familien abgelöst. Jetzt befragt der Bischof die Kinder, läßt sie beten und singen, beschert sie und zieht weiter. In katholischen Gegenden findet bis heute eine kleine Bescherung an Nikolaus statt. Im evangelischen Raum – einzige Ausnahme sind da die Niederlande – wurde die Bescherung ganz auf den Heiligen Abend verlegt. Vermutlich ist hier auch die Verwandlung des Nikolaus in den Weihnachtsmann verwurzelt.

Seit wann Nikolaus von derben Spukgestalten begleitet wird, die seine Güte unterstreichen, ist nicht gesichert. Im rheinisch-westfälischen Raum und einigen anderen deutschsprachigen Regionen ist der bekannteste der „Hans Muff" oder „Knecht Ruprecht", der mit rußgeschwärztem Gesicht den Nikolaus begleitet, Holzruten verteilt, ungehorsame Kinder bestraft oder die kleinen Bösewichter gleich in den Sack steckt. Im alpenländischen Raum übernimmt diese Rolle der kettenrasselnde „Krampus".

Brachte der Nikolaus ursprünglich Äpfel und Nüsse, so geht das heute übliche Schenken von Süßigkeiten aller Art wohl auf den uralten Brauch zurück, sogenannte „Gebildebrote" zu backen. Diese aus Teig geformten Nachbildungen von Tieren, Bischöfen oder Heiligen wurden während des Gottesdienstes in der Kirche gesegnet und am festlichen Familientisch verzehrt. So schlug man eine Brücke von der Liturgie zum konkreten Leben. Die auch an St. Martin beliebten Weckmänner, vor allem aber die Spekulatiusherstellung halten diesen Brauch bis heute lebendig.

Neben Nikolaus gilt Barbara als die bekannteste Heilige der Adventszeit. Die Tochter eines reichen Kaufmanns aus Kleinasien lebte um das Jahr 200 und wurde – so erzählt eine Überlieferung – von dem großen Theologen Origenes für den christlichen Glauben gewonnen. Ihr Bekenntnis zum Christentum kostete sie das Leben. Ihr Beispiel aber wurde im Lauf der Jahrhunderte unsterblich und ermutigt noch heute dazu, mit Engagement für die eigene Überzeugung einzustehen.

Der bekannteste Barbara-Brauch ist das Schneiden der Barbara-Zweige, aus deren Aufblühen mitten im Winter man auf den Reichtum der Ernte des kommenden Jahres schloß. Christlich wurde dieser Brauch aber schon bald mit neuen Inhalten gefüllt. Seither sieht man in den Zweigen eine Anspielung auf den frischen Trieb, von dem der Prophet Jesaja sagt, er sei aus dem toten Baumstumpf Israels entsprungen zum Zeichen dafür, daß Gottes Lebenswille größer ist als alle lebensfeindlichen Mächte.

Barbara und Nikolaus, zwei unvergessen Selbstvergessene mit ihren Taten und Träumen, stehen im Mittelpunkt der ersten Adventswoche. Sie haben sich nicht einfach mit der Welt abgefunden, wie sie ist, und nicht gelebt, wie alle lebten. Sie haben sich vielmehr getraut, eine eigene Vorstellung zu entwickeln. Vor allem aber sind sie ihrem Traum von einem liebevolleren Leben treu geblieben und haben ihn, wo immer sie konnten, konsequent in die Tat umgesetzt.

Alle Knospen springen auf

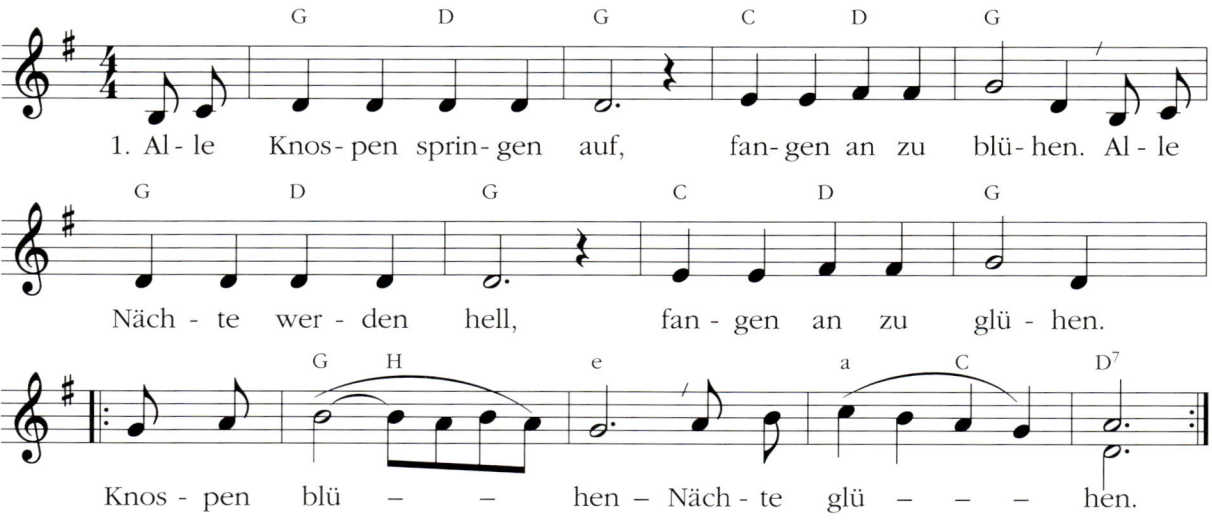

1. Al - le Knos - pen sprin - gen auf, fan - gen an zu blü - hen. Al - le
Näch - te wer - den hell, fan - gen an zu glü - hen.
Knos - pen blü — — hen – Näch - te glü — — hen.

2. Alle Menschen auf der Welt
fangen an zu teilen.
Alle Wunden nah und fern
fangen an zu heilen.
Menschen teilen – Wunden heilen.
Knospen blühen – Nächte glühen.

3. Alle Augen springen auf,
fangen an zu sehen.
Alle Lahmen stehen auf,
fangen an zu gehen.
Augen sehen – Lahme gehen.
Menschen teilen – Wunden heilen.
Knospen blühen – Nächte glühen.

4. Alle Stummen hier und da
fangen an zu grüßen.
Alle Mauern tot und hart
werden weich und fließen.
Stumme grüßen – Mauern fließen.
Augen sehen – Lahme gehen.
Menschen teilen – Wunden heilen.
Knospen blühen – Nächte glühen.

*Text: Wilhelm Willms. Musik: Ludger Edel-
kötter*
aus: Alle Knospen springen auf, 1989
© Impulse-Musikverlag, Drensteinfurt

Sankt Barbara –
Blüten mitten im Winter

Vor vielen, vielen hundert Jahren, weit im Osten, im fernen Morgenland lebte ein wohlhabender Kaufmann mit seiner schönen Tochter. Dioskurus liebte seine Tochter Barbara wie sonst nichts auf der Welt. Eines Tages brach er zu einer längeren Handelsreise auf. Damit seine Tochter während seiner Abwesenheit nichts Böses widerfuhr, ließ er sie in einen hohen Turm führen. Zum Abschied versprach er, ihr etwas von dieser Reise mitzubringen, das sie ihr Lebtag erfreuen würde. Dann machte er sich auf den Weg.

Die Wochen gingen dahin, und während Dioskurus noch mit der Karawane durch die Wüste zog, hörte Barbara die Geschichte von Jesus, seinem Leben, Sterben und seiner Auferstehung. Sie traute ihren Ohren kaum. Was sie da hörte, war das, was sie sich immer gewünscht und wovon sie immer geträumt hatte: ein Leben voller Zuversicht, Liebe und Güte.

Kaum heimgekehrt, überfiel Barbara ihren Vater mit der Nachricht, sie habe sich taufen lassen und sei nun überglücklich. Da verfinsterte sich der Blick des Kaufmanns. Auf seiner Reise hatte er auch von dem neuen Glauben gehört und erfahren, daß der römische Kaiser die Christen grausam töten ließ. Außerdem hatte er sich das Leben seiner Tochter anders vorgestellt und ihr unterwegs einen Mann ausgesucht. Mit allen Mitteln versuchte er, Barbara ihren Glauben auszureden. Als aber alles nicht half, drohte er ihr, er würde sie ins Gefängnis werfen und den römischen Richtern überantworten lassen. Das sei ihr sicherer Tod.

Barbara aber vertraute Gott mehr als ihrem eigenen Vater. „Kein Mensch ist des anderen Eigentum", antwortete sie ihm. „Wenn der Tod mein Schicksal ist, so töte mich."

Es war schon Winter geworden, als man Barbara in den Kerker einsperrte. Auf dem Weg dorthin, verfing sich ein Zweig, der während eines Sturms von einem Kirschbaum abgeknickt war, in ihrem Kleid. Barbara wußte selbst nicht warum. Aber sie nahm den Zweig, stellte ihn in ihren Becher und gab ihm täglich etwas von dem Wasser, das man ihr zu trinken brachte. Als die Kerkerwächter das sahen, brachen sie in schallendes Gelächter aus und verspotteten das Mädchen.

An dem Tag, da man Barbara zur Hinrichtung führte, geschah etwas Seltsames. Der Zweig schlug aus, bildete Knospen, und kurze Zeit später schmückten mitten im kalten Winter wunderschöne Kirschblüten den kargen Kerker, in dem Barbara auf ihren Tod gewartet hatte. Die Wärter aber mochten die Zweige aus Angst nicht anrühren. Sie waren erschüttert und begriffen: so wie aus diesem toten Zweig neues Leben hervorbrach, würde auch Barbara niemals sterben, sondern verwandelt werden. Seit dieser Zeit schneiden die Menschen am 4. Dezember, dem Barbaratag, Zweige von Kirschbäumen, stellen sie in ihren Wohnungen in eine Vase und warten, bis an Weihnachten ihre Blüten aufbrechen. Sie denken dabei an das junge Mädchen im Verlies – und daran, daß jeder, der auf Gott vertraut, keine Angst zu haben braucht, weil er unendliches Leben und eine blühende Zukunft vor sich hat.

Winter
hält das Land gefangen

Winter hält das Land gefangen,
und der Sturm fährt übers Feld.
Doch es glänzt ein heller Stern
über unsrer dunklen Welt.

An dem Tag Sankt Barbara
wolln wir in den Garten gehn.
Kahle Zweige laßt uns schneiden,
daß sie bald in Blüte stehn.

In der dunklen Winterszeit
freun wir uns an ihrer Pracht.
Helle Knospen brechen auf
in der Weihnachtsnacht.

Barbara Cratzius

Laßt uns froh und munter sein

Text und Melodie: Aus dem Hunsrück

Laßt uns froh und munter sein und uns heut im Herrn erfreun! Lustig, lustig, tral - le - ral - la - la, bald ist Ni - klaus - a-bend da, bald ist Ni - klaus - a-bend da!

2. Dann stell' ich den Teller auf.
Niklaus legt gewiß was drauf.
Lustig, lustig …

3. Wenn ich schlaf', dann träume ich:
Jetzt bringt Niklaus was für mich.
Lustig, lustig …

4. Wenn ich aufgestanden bin,
lauf' ich schnell zum Teller hin.
Lustig, lustig … dann war Niklausabend da!

5. Niklaus ist ein guter Mann,
dem man nicht g'nug danken kann.
Lustig, lustig …

49

Voll Freude ist das ganze Haus

1. Im Haus herrscht gro - ße Not. Im Haus herrscht gro - ße Not. Der
Va - ter krank. Die Mut - ter tot. Drei Kin - der und kein Bis - sen Brot. Ach
hilf uns, gro - ßer Gott! So groß ist uns - re Not! So
schickt Gott ei - nen Hel - fer aus. Er schickt ihn in das letz - te Haus und
zeigt, daß je - der - mann dem an - dern hel - fen kann. Und
zeigt, daß je - der - mann dem an - dern hel - fen kann.

Text: Rolf Krenzer.
Musik: Detlev Jöcker
aus: Weihnachten
ist nicht mehr weit
© Menschenkinder-
Verlag, Münster
(gekürzt)

2. Was ist heut nacht geschehn?
Was ist heut nacht geschehn?
Seht ihr den Sack dort an der Tür?
Wenn ihr ihn öffnet, findet ihr
das allerbeste Brot.
Vorbei ist unsre Not!
Voll Freude ist das ganze Haus.
Wir packen froh die Sachen aus
und können nicht verstehn,
was heute nacht geschehn!

3. Wer teilt das alles aus?
Der Vater läuft hinaus
und trifft nicht weit von unserm Haus
den guten Bischof Nikolaus.
Der winkt ihm freundlich zu.
Und fort ist er im Nu.
Voll Freude ist das ganze Haus.
Hab Dank, du guter Nikolaus!
Jetzt können wir verstehn,
was heute nacht geschehn!

Die Legende von Nikolaus und den drei Säcken

In einer Stadt an der türkischen Küste lebten drei Kinder. Ihre Mutter war früh gestorben, und ihr Vater hatte wegen einer Krankheit seine Arbeit verloren. Die kleine Familie war bitterarm und wußte sich nicht mehr zu helfen. Wie sollten sie nur den Winter überleben?

Eines Nachts, sie waren schon zu Bett gegangen, vernahmen sie seltsame Geräusche vor dem Häuschen. Es war, als ob sich jemand an der Haustüre zu schaffen machte. Als sie aber die Türe öffneten, konnten sie niemanden sehen. Statt dessen stand ein riesiger, prall gefüllter Sack vor ihren Füßen. Schnell schleppten sie ihn ins Haus und konnten es kaum glauben: Bis an den Rand war dieser Sack mit Brot, Butter, Fleisch und Gemüse gefüllt. Zum ersten Mal seit vielen, vielen Wochen brauchten sie nicht mehr Hunger zu leiden. Sie legten einen Vorrat an, aßen sich nach Herzenslust satt und sanken dankbar in tiefen Schlaf.

In der kommenden Nacht wiederholte sich die Geschichte. Kaum, daß sie zu Bett gegangen waren, vernahmen sie wieder dieses Rascheln vor der Haustür. Abermals kamen sie zu spät, um ihren Wohltäter zu entdecken, und abermals stand ein großer Sack vor ihrer Tür. Diesmal war er mit allerlei wärmenden Pullovern, Hemden und Hosen gefüllt. Zum ersten Mal seit vielen, vielen Wochen brauchten sie nicht mehr zu frieren. Jeder suchte sich das heraus, was ihm paßte, und alle sanken zufrieden in tiefen Schlaf.

„Heute abend werden wir wissen, wer uns soviel Gutes getan hat", beschloß man beim Frühstück am nächsten Morgen. „Wir werden wach bleiben, und sobald wir etwas hören, öffnen wir die Türe." Gesagt, getan. Der Abend kam, die Nacht – und wirklich: plötzlich vernahmen sie wieder dieses geschäftige Geräusch vor der Haustür. Blitzschnell öffnete der Vater die Haustür, sah aber nur noch, wie eine vermummte Gestalt fortlief. Sogleich rannte er hinterher. Nach einiger Zeit erwischte er die Gestalt doch am Rocksaum. „So bleibt doch stehen, guter Mann", sagte er ganz außer Atem. „Ich will Euch doch nur danken für all das Gute, das Ihr uns geschenkt habt." – „Schon gut", antwortete eine freundliche, tiefe Stimme. Und als die vermummte Gestalt sich umdrehte, erkannte der Vater den Bischof Nikolaus. Er hatte ihn schon oft von ferne gesehen. Dann war er in festliche Gewänder gekleidet und von vielen Würdenträgern umgeben. Niemals hätte er gedacht, daß so ein großer und wichtiger Mann seine kleine Not teilen würde. „Schon gut", sagte der Bischof abermals, „wenn jeder gibt, was er hat, können alle satt werden." Mit diesen Worten verschwand er im Dunkel der Nacht.

Der Vater aber ging rasch zurück zu seinen Kindern und erzählte ihnen alles, was vorgefallen war. Die hatten inzwischen einen dritten Sack entdeckt, der mit Schuhwerk nur so vollgestopft war. Die Schuhe aber quollen über von Äpfeln, Nüssen, Süßigkeiten und Spielzeug. Zum ersten Mal seit vielen, vielen Wochen brauchten sie nicht mehr barfuß zu gehen und konnten wieder richtig spielen. Zufrieden und dankbar fielen sie in tiefen Schlaf. Sie träumten, wie sie selbst dem Nikolaus halfen und unbemerkt des Nachts kleine und große Überraschungen bei den Menschen verteilten – und wer weiß, vielleicht kommen sie heute nacht auch zu dir …

Dich rufen wir, Sankt Nikolaus

Text: Josef Guggenmos.
Melodie: Martin Gotthard Schneider
© Christophorus-Verlag, Freiburg i. Br.,
und Verlag Ernst Kaufmann, Lahr

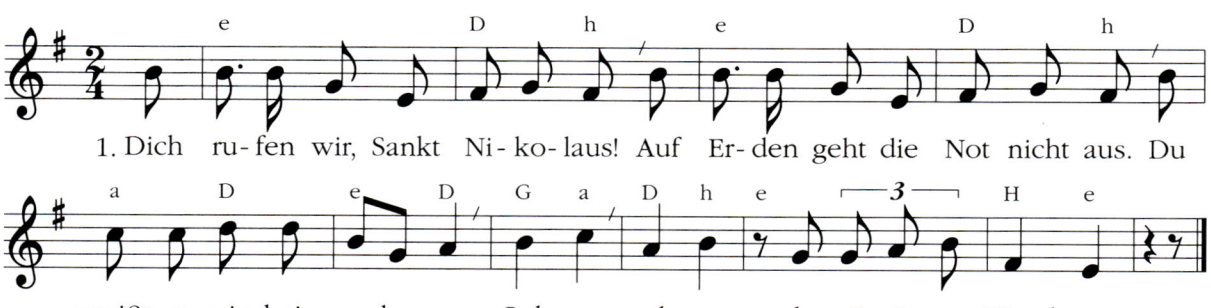

1. Dich ru-fen wir, Sankt Ni-ko-laus! Auf Er-den geht die Not nicht aus. Du weißt es wie kein and-rer. Geh um, geh um, du gü-ti-ger Wand-rer.

2. Geh um, hab auf die Menschen acht.
Geh um. In dunkler, kalter Nacht
sitzt mancher in seinem Jammer.
 Hilf du, hilf du,
  wirf Gold in die Kammer!

3. Du Mann aus Myra, deine Zeit
ist nie vorbei, ist jetzt, ist heut.
Geh um in viel Gestalten!
 Hilf mir, hilf mir,
  dein Amt zu verwalten!

Niklaus, Niklaus, guter Mann

Niklaus, Niklaus, guter Mann,
halt doch deinen Esel an.
Gutes Heu, so warm und weich,
kriegt der liebe Esel gleich.

Niklaus, komm zu uns herein,
sollst uns sehr willkommen sein.
Sieh, bei uns, da brennt noch Licht,
Nikolaus, vergiß uns nicht.

Niklaus, Niklaus, guter Mann,
weißt du, daß ich singen kann?
Niklaus, komm in unser Haus,
leer doch bald dein Säcklein aus.

Du halfst Menschen in der Not,
gabst das Korn, das Mehl, das Brot,
halfst den Schiffern in der Flut,
Niklaus, du bist lieb und gut.

Niklaus, komm, wir warten sehr,
deine Hände sind nicht leer.
Komm zu uns auch dieses Jahr,
reich uns deine Gaben dar.

Barbara Cratzius

Klopf, klopf, klopf

Text: Volksspruch. Melodie: Heinrich Rohr
© Christophorus-Verlag, Freiburg i. Br.

1. Klopf, klopf, klopf, wer klopft an uns-rer Tü-re an?
Klopf, klopf, klopf, es ist der hei-li-ge Mann! Was
stehst du drau-ßen vor der Tür? Komm doch zu uns her-ein. Es
sind ja bra-ve Kin-der hier, die sich schon lan-ge freun.
Komm her-ein, sei un-ser Gast, bring uns al-les, was du hast.

2. Trapp, trapp, trapp! Jetzt geht er fort;
was soll das sein?
Trapp, trapp, trapp! Warum kehrt er nicht ein?
Er muß noch heut in später Nacht
zu vielen Kindern hin,
die lange sich auf ihn gefreut
mit kindlich frommem Sinn.
Wenn die Tür wird aufgemacht,
finden wir, was er gebracht.

53

Der Tag,
an dem der Osterhase
dem Nikolaus half

In diesem Jahr erwachte der Osterhase schon am 3. Dezember von seinem üblichen Winterschlaf. Er spürte, daß irgend etwas anders war als sonst, und verließ seine Hütte, um nachzusehen, was denn wohl passiert sei.

Entschlossen hoppelte er den vertrauten Waldweg entlang – bis er plötzlich ein Schluchzen und Klagen hörte. Als er näher kam, sah er einen großen dicken und gemütlichen Mann weinend auf einer Bank hocken. Der Mann war in einen roten Mantel gekleidet, die Säume waren fein mit weißem Pelz abgesetzt, er hatte feste Stiefel an und dicke Handschuhe.

„Was ist denn los?" fragte der Osterhase neugierig und kletterte auf die Bank.

Der Mann schaute den Hasen an und sagte: „Ich bin der Nikolaus ... und in drei Tagen soll ich die Geschenke an die Kinder verteilen. Es wäre eigentlich gar keine große Sache, wenn ich sie mit meinem Rentierschlitten ausfahren könnte. Aber jetzt komme ich gestern in meinen Stall und – die Rentiere sind fort!"

Der Osterhase kratzte sich am Kinn. Zwar war er ans Organisieren gewöhnt. Im Moment aber fühlte er sich doch leicht überfordert.

„Wie groß und schwer sind denn diese Geschenke?" fragte der Osterhase. „Och", sagte der Nikolaus, „manche sind schon ganz schön schwer ... weißt du, die Menschen werden halt auch immer anspruchsvoller." – „Zu schwer, um von einem Hasen transportiert zu werden?" fragte der Osterhase nach. „Ach, du denkst wohl an deine Kollegen? Hm – ich glaube nicht, daß sie das schaffen. Weißt du, manche Kinder bekommen schwere Bücher geschenkt, ein Schaukelpferd oder gar irgendeinen Metallbaukasten. Das ist schon etwas unhandlicher als ein Osterei ..."

„Hm", dachte der Osterhase laut, „das geht nun wirklich nicht. Aber muß es denn auch unbedingt so etwas sein?" – Der Nikolaus wurde hellhörig: „Ja, aber, was sollen die Kinder denn sonst bekommen? Ein Nikolaustag ohne Geschenke ist doch unvorstellbar."

Osterhase und Nikolaus verfielen in tiefes, schweigendes Nachdenken ... „Halt! Ich hab's!" rief der Osterhase plötzlich. „Was?" fragte der Nikolaus leicht aufgeregt nach. „Weißt du, was alle Menschen ganz notwendig brauchen?" Der Nikolaus legte seine Stirn in Falten und dachte nach: „Geld vielleicht?" – „Quatsch", reagierte der Osterhase heftig, „hast du schon mal was wirklich Lebenswichtiges gesehen, was sich mit Geld kaufen ließe? Zärtlichkeit und Liebe jedenfalls kannst du mit Geld nicht bezahlen, auch wenn viele Menschen das meinen ..." – „Und du meinst ...?" fragte der Nikolaus zögernd. „Ja, ich meine!" rief der Osterhase triumphierend. „Wir schenken den Menschen in diesem Jahr das, was sie so notwendig brauchen – nämlich Liebe und Zärtlichkeit!"

Der Nikolaus wurde nachdenklich: „Ja, das stimmt – ein bißchen Liebe und Zärtlichkeit hätten die Menschen wirklich nötig – aber wie sollen wir ihnen das denn schenken?" Der Osterhase schmunzelte: „Das laß mal meine Sorge sein – ich hab' da ein paar Freunde, die mitarbeiten …"

Einige Minuten vergingen – und aus dem Wald, vom nahe gelegenen Feld kamen Hasen her, einzelne zuerst, dann Dutzende, bis schließlich Hunderte oder gar Tausende dicht gedrängt auf der Waldwiese standen. Ein etwas älterer Hase tat einen Sprung nach vorne und fragte: „Was ist los, Osterhase? Hast du dich etwa in der Jahreszeit vertan?" – „Nein", erklärte der Osterhase. „Ich möchte euch gerne dem Nikolaus vorstellen – und wir beide haben ein Problem. Dem Nikolaus sind die Rentiere gestohlen worden – und doch sollen die Menschen nicht ohne Geschenke bleiben. Ich habe euch gerufen, um zu fragen, ob ihr uns dabei helfen wollt." – „Klar", sagte der ältere Hase, „natürlich helfen wir euch, wenn wir können – oder?" Er sah sich fragend bei den Hasen um und erhielt ein allgemeines Kopfnicken und Gebrummel.

„Was sollen wir denn tun?" – „Ihr sollt nichts Unmögliches tun. Geht einfach zu den Menschen, klopft an ihre Tür und sagt: Wir möchten euch die Botschaft bringen, daß Liebe wichtiger ist als Geld. Einige werden euch einfach rauswerfen, andere aber werden euch zu einem Tee einladen und nachfragen, wie ihr das meint – und wenn ihr miteinander ins Gespräch kommt – dann ist Nikolaustag …"

So geschah an diesem Nikolaustag etwas sehr Seltsames: Hunderte und Tausende von Hasen klopften mit ihren Pfoten an die Haustüren der Menschen und sagten: „Ich hab' eine Nachricht für euch!" – und manche Menschen ließen sie in ihre Wohnung ein und fragten und …

… und als der Nikolaus und der Osterhase an diesem Abend durch die Straßen gingen und in die erleuchteten Fenster hineinschauten, sa-

hen sie Wundersames: Ein kleines Mädchen hatte einen Hasen auf dem Schoß und streichelte ihn zärtlich, eine alte Frau schabte eine Karotte für den Hasen, der bei ihr zu Besuch war, der clevere Wirtschaftsmanager ließ sich von einem Hasen erklären, wie man am besten mit den Ohren wackeln könnte (zugegeben, der Hase war leicht im Vorteil), eine Marktfrau packte ihrem Hasen gerade eine große Tüte mit Gemüse zusammen, in der Polizeiwache saß ein Hase und trank mit den Polizisten Tee – und ein Hase war sogar in eine Kirche gehoppelt und hatte sich unter das große Kreuz gesetzt, damit auch Gott an diesem Abend nicht ganz allein sei.

Der Osterhase und der Nikolaus schauten sich höchst zufrieden an. „Ich glaube, das ist der schönste Nikolaustag, den ich bisher erlebt habe", sagte der Nikolaus nachdenklich – und wenn der Nikolaus das sagt, so will das schon was heißen.

Andrea Schwarz (gekürzt)

Heut' ist Nikolaus-Abend da

Der Nikolaus-Abend in der Familie ist der Höhepunkt des Festes. Vielleicht gestalten Sie ihn einmal als Nikolaus-Mitbring-Feier. Beteiligen Sie Ihre Kinder möglichst aktiv an der Vorbereitung, und Sie werden staunen, auf welche Ideen die Kleinen kommen.

Als erstes sollten Sie daran denken, Ihre Freunde mit deren Familien einzuladen. Hier gilt, wie schon an St. Martin, daß es um so schöner wird, je mehr Familien sich zusammenfinden. Dann dürfen Sie natürlich nicht vergessen, den Nikolaus zu bestellen. In man-

chen Städten vermitteln Pfarrgemeinden solche Auftritte. Vielleicht findet sich aber auch ein Familienvater aus dem Kreis bereit, die Rolle des Nikolaus zu übernehmen. So oder so ist es wichtig, einen einfühlsamen Menschen mit dieser Aufgabe zu betrauen, der entsprechend auf die Kinder einzugehen weiß. Sollten kleinere Kinder mitfeiern, verkleidet sich der Nikolaus am besten vor den Augen der Kinder. Während Sie sich dem Engagement „Ihres" Nikolaus widmen, sollten die anderen Teilnehmer je nach Neigung und Geschicklichkeit die anderen Aufgaben übernehmen. Manche Kinder zum Beispiel suchen Nikolaus- und Adventslieder aus, die sie gerne singen möchten. Kinder, die nicht so musikalisch sind, stöbern derweil nach einem passenden Gedicht. Väter und Mütter mit einer kulinarischen Ader steuern Gebäck und Getränke bei. Besonders passend wären hier Spekulatius, Weckmänner und Adventswaffeln, ein alkoholfreier Johannisbeerpunsch, Glühwein oder heiße Schokolade. Die Tüftler unter Ihnen sorgen für den entsprechenden Tisch- und Raumschmuck: sie basteln Nikoläuse und Nikolausstiefel.

Am Abend bringen alle ihre vorbereiteten Dinge mit. Der Nikolaus wird mit einem Lied begrüßt. Danach tragen die Kinder ihre Lieder, Musikstücke und Gedichte vor, und Nikolaus erzählt eine Legende aus seinem Leben, etwa die Geschichte von den drei Säcken. Alle antworten ihm mit dem Lied „Voll Freude ist das ganze Haus". Dann beschert der Nikolaus die Kinder – jedoch nicht ohne darauf hinzuweisen, daß jedermann irgendwo einem anderen helfen kann. Manche Erwachsene mögen vielleicht erzählen, wie sie als Kind Nikolaus feierten. Und je nach Kreis kann man sich gemeinsam überlegen, wie man dem Nikolaus heute dabei helfen kann, die Not anderer Menschen zu lindern.

Mit Gebäck und Getränken klingt der Abend aus. Denn schließlich brauchen die Kinder auch Zeit für ihre Geschenke.

Nikolausstiefel voller Überraschungen

Schneiden Sie aus 30 x 50 cm Rupfen zwei gleiche Stiefel zu, und nähen Sie die Teile mit einer Nahtbreite von 1 cm zusammen. Die ganze Sohle kleben Sie dann auf eine ca. 18 cm große Birkenstammscheibe. Füllen Sie die Stiefel – und die Überraschung ist perfekt …

57

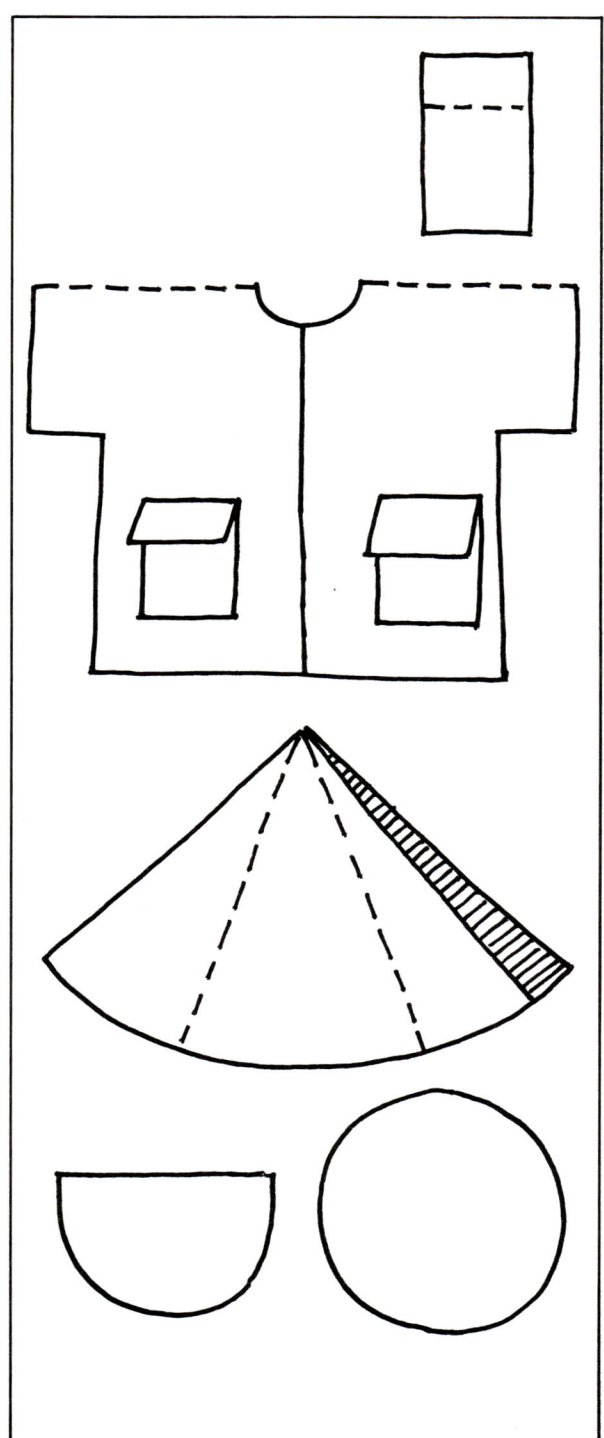

Lauter nette Nikoläuse

Material: Holzkegel mit Kopf (Höhe 7,5 cm), Holzscheibe (Durchmesser 3 cm, Stärke 0,5 cm), 1 sehr kleine Holzperle (oder 1 Senfkorn), 2 Holzperlen (Durchmesser 0,5 cm), 15 x 19 cm Filz (rot), 20 cm Goldkordel, Vliesrest (weiß, als Bart), 6 cm Band (2,5 cm breit, braun, für das Säckchen), etwas Bastel-Erika, ca. 66 cm Pfeifenputzer (weiß), 15 cm Aufhängekordel.

ANLEITUNG

Kleben Sie zuerst die Holzscheibe unter den Kegelboden. Nach dem Trocknen schlingen Sie 11 cm Pfeifenputzer als Arme einmal um den Hals und kleben je eine Holzperle als Hand an beide Enden. Übertragen Sie die Vorlagen entsprechend vergrößert auf Papier, und schneiden Sie die Teile aus Filz und Vlies zu. Das Mantelvorderteil in der Mittellinie aufschneiden, dann die Taschen aufkleben und auf die Ärmelränder den Besatz aus Pfeifenputzern. Die Seitennähte zukleben und jetzt den Mantel anziehen. Die Ärmelnähte so zukleben, daß nur die Perlen herausschauen. Die vordere Mitte und den Mantelsaum mit Pfeifenputzer bekleben, die Goldkordel umbinden und mit der Filzscheibe den Boden abdecken. Die Schnittkanten der Mütze sauber übereinander kleben, Mütze auf den Kopf kleben, den Zipfel zur Seite legen und festkleben. Den Pfeifenputzerbesatz und den Bart ankleben. Die Augen malen und die Nase ankleben. In die Hand bekommt der Nikolaus das aus dem Band geschnürte Säckchen, in die andere die Rute aus Bastel-Erika.

Mit kleinen Päckchen in Begleitung eines Engelchens kommen sie daher. Sie können den Tisch bei der Nikolausfeier zu Hause schmücken oder – in großer Anzahl – die Tische bei Nikolaus-, Advents- und Weihnachtsfeiern in Schule, Gemeinde und Kindergarten.

Wir backen Spekulatius …

Zutaten: 3 Pfund Mehl, 200 g geriebene Mandeln, 1 Pfund Rohrzucker, 20 g Spekulatiusgewürz (aus Kardamom, Zimt und Muskatblüte), Zitronenschale, 1 Messerspitze Salz, 1/4 Liter Milch, 750 g Butter, 10 g Natron.

Zubereitung: Zucker, Gewürze und Salz in Milch auflösen und in die ausgelassene Butter einrühren. Natron und Mehl mischen, alles in die ausgelassene Butter geben und gut durchwirken. Der Teig muß zwei bis drei Tage ruhen. Dann in eine mit Mehl bestäubte Spekulatiusform drücken, ausklopfen und ca. 12–15 Minuten bei 200 Grad goldbraun abbacken. Guten Appetit!

Rezept der Grob- und Feinbäckerei J. Wellmann, Pfalzdorf/Niederrhein 1896

... wie Nikolaus Spekulatius buk

Wieder einmal ging St. Nikolaus verkleidet durch die kleine Stadt. Er fiel nicht auf unter all den Menschen, und er genoß es, unerkannt zu bleiben. Plötzlich sah er ein trauriges Mädchen. Es saß auf einem Rinnstein und weinte.

„Was fehlt dir denn, Kleines?" fragte der Nikolaus freundlich. „Ach", antwortete das Mädchen. „Es ist Nikolaus, und alle Kinder haben Süßigkeiten geschenkt bekommen. Nur ich bin leer ausgegangen." – „Hast du denn keine Eltern?" – „Schon, aber die haben sich getrennt."

Da bekam St. Nikolaus Mitleid. Aber er wäre nicht der Nikolaus, wenn er es dabei bewenden ließe. „Komm", sagte er zu der Kleinen. „Ich will sehen, wie ich dich aufmuntern kann." Die Sonne ging schon unter, als sie an ein altes Haus gelangten. Sofort machte sich Nikolaus geschäftig ans Werk. Er rührte und knetete, kostete und mengte eine Masse aus Mandeln, Mehl, Milch und den ausgefallensten Gewürzen. Dann drückte er sie in eigentümliche Formen und buk lauter kleine Nikoläuse für das traurige Mädchen. Schließlich packte er ein großes Säckchen voll und schenkte es ihr. Die Kleine lief überglücklich mit dem Gebäck nach Hause und erzählte ihrer Mutter alles, was sie erlebt hatte – und an diesem Abend fühlten sich die beiden überhaupt nicht einsam.

Viele, viele Jahre später, aus dem kleinen Mädchen war längst eine Großmutter geworden, erzählte sie ihren Enkeln diese Geschichte: „Es war", schloß sie, „als ob ich den Nikolaus selbst getroffen hätte. Ich glaube, immer wenn es recht kalt wird und sich der Himmel während der Abendstunden rot färbt, backt St. Nikolaus, um den Menschen, denen das Leben bitter geworden ist, ihre Tage ein wenig zu versüßen.

2. Advent:

Von Stille
und Staunen

Die Liebe ist ganz leise – Sankt Luzia

Sie war ein eher stiller Mensch. Aber ihr Beispiel konsequenten Christseins wurde auch ohne viele Worte verstanden. Luzia, die Leuchtende, zeichnet sich wie die anderen großen Gestalten der Adventszeit durch ein außergewöhnliches Maß an Mut und Menschenfreundlichkeit aus. Sie wurde wahrscheinlich um das Jahr 304 unter dem Kaiser Diokletian als Märtyrerin ermordet.

Seit dem Mittelalter ist der 13. Dezember, der Luziatag, ein volkstümliches Fest. Weil dieser Tag nach dem alten, bis 1582 gültigen Julianischen Kalender zugleich als Tag der Wintersonnenwende galt, vermischten sich viele uralte Neujahrsbräuche mit dem christlichen Fest.

Mädchen ritzten Zeichen in die Bäume, aus deren Veränderung sie die Zukunft lesen konnten. Ausgewählte Menschen setzten sich auf den „Luzienstuhl" und machten Vorhersagen, wer wen während des kommenden Jahres heiraten und was das Wetter bringen würde. Im oberbayerischen Fürstenfeldbruck lassen die Kinder heute noch bei nächtlichen Laternenumzügen Fackeln auf der Amper schwimmen, einem Fluß, der oft gefährliche Überschwemmungen brachte – eine Erinnerung wohl an einen heidnischen Opferbrauch, der den Flußgott besänftigen sollte.

Auf vielfältige Weise brachte Luzia Licht in die längste Nacht des Jahres. Während sie in nordischen Ländern als christkindähnliche Frau oder freundlicher Lichtengel durch das Land ging und heimlich Geschenke verteilte, wurde sie im südlichen Mitteleuropa – Böhmen, Mähren, Ungarn und teilweise auch in Bayern – zur häßlichen Luz. Diese hexenähnliche Gestalt strich, in Stroh oder blutrote Gewänder gehüllt, durch die Dörfer und erschreckte die Kinder, bestrafte faule Mägde oder Knechte und kontrollierte die Sauberkeit der Bauernhöfe. In Schweden kennt man heute noch die Luzia-Braut: ein ganz in Weiß gekleidetes Mädchen mit einem Kranz brennender Kerzen auf dem Kopf.

Luzia hat die Phantasie der Menschen durch die Jahrhunderte beflügelt. Ihre Geschichte zeigt, wie man ganz frei werden kann zu einem Leben, in dem nur noch die Liebe zählt. Aber Luzia machte sich nicht durch Lautstärke bemerkbar. Die Liebe macht keinen Lärm. Sie äußert sich ganz leise – durch die Art, wie wir leben. Als Leitfigur der zweiten Adventswoche lädt Luzia dazu ein, nicht durch den Advent zu eilen, sondern zu verweilen und Stille und Staunen wieder neu zu entdecken. Denn wer die Stille sucht, dessen Sinne werden sensibler, der wird zärtlicher, und er lernt, im Sichtbaren das Unsichtbare zu erkennen.

Wir öffnen unsre Herzen

Text und Melodie: Chris Herbring
© Chris Herbring Musikverlag, Neuss

Wir öff-nen uns-re Her-zen und ma-chen uns be-reit
für die An-kunft des Herrn.____ Wir öff-nen uns-re Her-zen und
ma-chen uns be-reit für die An-kunft des Herrn,
für die An-kunft des Herrn.____ *(Fine)* 1. Wir wer-den still und hö-ren auf
das, was in uns lebt. Die Lie-be ist ganz lei—se. Sie sagt, was uns bewegt. Wir

2. Wir werden frei und sehen,
was wir oft nicht verstehn:
Die Liebe Gottes fängt bereits
im Kleinen an zu blühn.

3. Wir werden froh und hoffen,
daß Gott uns einst erlöst.
Wir hoffen auf die Liebe,
die er uns hat geschenkt.

4. Wir werden zart und spüren,
wie es dem andern geht.
Die Liebe macht uns offen
für das, was wirklich zählt.

5. Wir werden stark und streiten
für eine bessere Welt.
Wir spüren Gottes Liebe
als Kraft für unser Tun.

Mache dich auf

Text und Melodie: Kommunität Gnadenthal
© Präsenz-Verlag, Gnadenthal

1. Ma-che dich auf und wer-de licht! Ma-che dich auf und wer-de licht!
Ma-che dich auf— und— wer-de licht, denn dein Licht kommt!

Wir zünden eine Kerze an

Text: Rolf Krenzer. Musik: Siegfried Fietz
© ABAKUS Schallplatten und Ulmtal Musikverlag,
Greifenstein 2

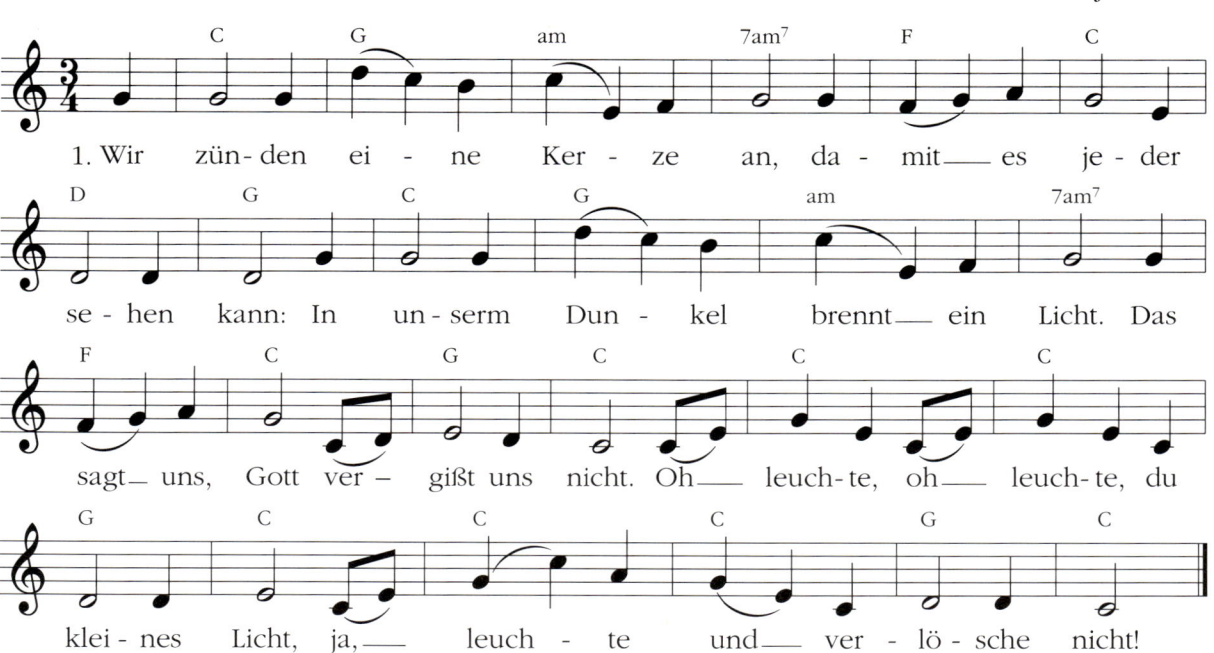

1. Wir zün-den ei - ne Ker - ze an, da-mit— es je - der
se - hen kann: In un - serm Dun - kel brennt— ein Licht. Das
sagt— uns, Gott ver – gißt uns nicht. Oh— leuch-te, oh— leuch-te, du
klei - nes Licht, ja,— leuch - te und— ver - lö - sche nicht!

2. In dunkler, kalter Winternacht
ist dieses kleine Licht erwacht.
Es sagt uns allen: Seid bereit,
denn Weihnachten ist nicht mehr weit.
Oh leuchte, leuchte, kleines Licht,
ja, leuchte und verlösche nicht!

3. In unsre Welt voll Angst und Leid
schickt Gott den Herrn der Herrlichkeit.
So liegt im Stroh sein armes Kind,
damit wir nicht verloren sind.
Drum leuchte, leuchte, kleines Licht,
ja, leuchte und verlösche nicht!

Ein Lichtblick –
Die Legende
von
Sankt Luzia

Vor vielen hundert Jahren lebte in Syrakus auf Sizilien ein Mädchen namens Luzia. Luzia hatte sehr reiche Eltern, und schon seit längerer Zeit warb ein junger Mann um sie, der sie gerne zur Frau genommen hätte. Luzia aber war sehr nachdenklich. Häufig, wenn ihr das Leben im Haus ihrer Eltern zu laut wurde, zog sie sich zurück und suchte die Stille. Eines Tages war es, als ob die Stille zu ihr spreche. Seither wollte sie weder heiraten noch irgendwelchen Besitz haben. „Besitz kann besessen machen", sagte sie. „Nicht wir Menschen haben dann die Dinge, sondern die Dinge haben uns. Ich aber möchte ganz frei sein für Gott und die Menschen." So bat sie ihre Eltern, den auserwählten Bräutigam nicht heiraten zu müssen und ihre Mitgift und ihr ganzes Hab und Gut an die Armen verschenken zu dürfen. Schweren und sorgenvollen Herzens gewährten ihr ihre Eltern diese Bitte.

Da verwandelte sich die Liebe des jungen Mannes in abgrundtiefen Haß. Der enttäuschte Bräutigam verriet Luzia an die Richter und klagte sie an, eine Christin zu sein. Das war damals bei Strafe verboten. Um ihren Willen zu brechen, befahlen die Richter, man möge sie in ein Bordell bringen. Aber weder Ochsen noch Soldaten konnten sie von der Stelle bewegen. Da übergoß man sie mit siedendem Öl. Das Öl aber konnte ihr nichts anhaben. Man entzündete ein Feuer um sie herum, aber die Flammen verbrannten sie nicht. Schließlich tötete man sie durch ein Schwert. Luzia aber betete sterbend für ihre Mörder.

Die Menschen, die das miterlebten, waren tief bewegt. „Sie war ein leuchtendes Vorbild", sagten sie zueinander. „Sie war wie ein Lichtblick in einer dunklen Nacht, in der allein Geld, Gewalt und Gier regieren." Seit dieser Zeit entzünden die Menschen am 13. Dezember, in einer der längsten Nächte des Jahres, Kerzen, die an diese Geschichte erinnern. Bis heute strahlen diese Lichter in die Stille der Nacht, und die Menschen staunen über das mutige Mädchen, das bereit war, alles zu geben, um ihrer inneren Stimme zu folgen.

Wie die Stille stumm wurde

Alles hatte ganz alltäglich angefangen. Die Menschen waren viel zu gestreßt, wie sie sagten, um noch Zeit für die Stille zu haben. Und wenn man keine Zeit mehr für sie hat, ist auch die Stille zum Sterben verurteilt. Je weniger man sich um sie kümmerte, desto kleiner und unbedeutender wurde sie, bis sie beinahe ganz aus dem Leben des Menschen verschwand und verstummte. Ihr meint, das ginge nicht? Die Stille könne nicht verstummen? Das meinten die Menschen auch. Aber sie sollten das Gegenteil erleben.

Zunächst bemerkte kaum einer die Veränderung. Aber langsam entstand überall dort, wo vorher heilsame Stille herrschte, eine große Leere. Weil die Menschen aber nicht für nichts geschaffen sind, ertrugen sie dieses Vakuum kaum. Wenn sie mit ihm in Berührung kamen, fühlte es sich so an, als würden sie taub und als sauge dieses Vakuum sie auf und raube ihnen alle Kraft. Aber wie verzweifelt sie auch versuchten, das Vakuum aufzufüllen, es verschlang die Worte und die Musik und wuchs, je mehr man es zu beseitigen hoffte. Zuerst verloren die Menschen über diesen Kampf ihre Aufmerksamkeit und ihre Fähigkeit zu staunen, dann wurden sie lieblos und verloren ihre Lebenslust, und schließlich schien es ihnen, als hätten sie sich in der Hektik und Hetze selbst verloren.

Das wäre wohl zur Katastrophe geworden, wenn nicht einige Kinder beim Spielen die Stille wiederentdeckt hätten. Sie spielten leise Leute, und wenn man fein die Ohren spitzt, dann kann man hören, wie die Stille spricht. Der Hilferuf, den die Kinder von der Stille hörten, erschrak sie. „Ich bin nicht einfach nichts", sagte die Stille. „Ich bin eine Kraft, die man nur an ihrer Wirkung erkennen kann – so wie man auch den Wind nicht sehen kann, er uns aber dennoch erfrischt und die Bäume bewegt. Wer mich verliert, verliert letztlich sich selbst. Er wird ausgelaugt, leer und fahrig. Nur in dem Maß, in dem ich wieder wachsen kann, wird die Leere schwinden." Daß die Stille damit recht hatte, verstanden die Kinder sofort. Schließlich erfuhren sie jeden Tag neu, wie es um ihre Eltern stand. So geschah es, daß die Kinder mit ihren Eltern wieder das leise Leben lernten. Man nahm sich wieder Zeit füreinander und hörte einander aufmerksam zu. Andere schwiegen und lauschten auf die Stille, wenn sie gemeinsam im Wald spazierten. Alle aber fanden langsam wieder zu sich selbst. Seither wissen die Menschen, wie lebenswichtig die Stille für sie ist. Und wenn der Lärm die Stille zu übertönen droht und die Menschen müde macht, werden sie ganz leise und flüstern zueinander: „Pst, laßt uns ganz still werden. Denn wir wissen ja: In der Ruhe liegt die Kraft, und nur die Stille macht uns stark."

Schauen – lauschen – schweigen
Stillespiele für leise Leute

Laden Sie Ihre Familie doch einmal zu einer Expedition in die Stille ein. Das ist gar nicht so schwer, wie Sie vielleicht glauben. Die Stille zu entdecken kann buchstäblich spielend leicht sein – und leise Leute erleben mehr. Übrigens werden regelmäßig in die Stille Reisende ruhiger und ausgeglichener.

Gehen Sie zum Beispiel gemeinsam im Winterwald spazieren. Es soll eine Entdeckungsreise ganz besonderer Art werden. Alle versuchen mäuschenstill zu sein und nur die Stimmen des Waldes sprechen zu lassen. Wovon erzählen sie? Jeder notiert die Geräusche, die er vernimmt. Wer die meisten Geräusche gesammelt hat, ist Sieger. Anspruchsvolle Entdecker versuchen vielleicht, gemeinsam mit ihren Kindern, eine kleine Geschichte aus den unterschiedlichen Geräuschen zu machen!

Wem es draußen zu kalt ist, der entdeckt die Stille vielleicht lieber in seinen eigenen vier Wänden. Nichts leichter als das. Alle Mitspieler schließen die Augen und horchen aufmerksam hin. Hinter einem Vorhang hat der Spielleiter eine Reihe von Gegenständen zurechtgelegt, mit denen er leise Geräusche erzeugen kann. Mit einer Schere durchschneidet er zum Beispiel ein Stück Papier, dann blättert er in einem Buch, ganz vorsichtig reibt er zwei Schmiergelpapierblätter gegeneinander, und aus einer Flasche gießt er Wasser in ein Glas – der Phantasie sind da keine Grenzen gesetzt. Alle Mitspieler lauschen gespannt, denn sie sollen ja die Gegenstände, mit denen die Geräusche erzeugt wurden, in der richtigen Reihenfolge auf ein Blatt schreiben. Wer hat das feinste Gehör?

Menschen, die die Stille suchen, wissen, was die Uhr geschlagen hat. Verstecken Sie möglichst viele verschiedene Uhren überall in Ihrer Wohnung – von einem lauten Wecker bis hin zu einer leisen Armbanduhr. Die Mitspieler spitzen nun die Ohren und versuchen so viele Uhren wie möglich zu finden. Größte Stille ist geboten. Damit die Suche gelingt, müssen alle absolut ruhig sein.

Gönnen Sie sich und Ihrer Familie einige stille Stunden im Advent. Eine Geschichte zum Beispiel, nach der man gemeinsam schweigt oder einer leisen Musik lauscht, geht tiefer zu Herzen. Regelmäßige Adventsabende, an denen man miteinander bastelt, singt, erzählt oder kleine Gebete formuliert, schaffen nicht nur vorweihnachtliche Stimmung. Sie schenken allen Beteiligten innere Ruhe und ein Stück neuer Lebensqualität. Gerade die regelmäßige Wiederholung erschließt den Sinn solcher ruhiger Runden.

Riechen, schmecken, fühlen: Sterne aus Zimt und Zucker

Leckerei aus der Weihnachtsbäckerei

Die Adventszeit als besinnliche Zeit zu erfahren bedeutet auch, sie mit allen Sinnen zu erleben. Beim Backen macht Kindern vor allem das Riechen, Schmecken und Fühlen Freude. So kann das Backen eine kleine adventliche Attraktion werden, an der die großen und kleinen Bäcker, je nach ihren Möglichkeiten, gemeinsam beteiligt sind. Lassen Sie Ihre Kinder also unbedingt richtig mitbacken. Die Phantasie und Schaffensfreude der kleinen Konditoren wird auch Sie begeistern.

Sternenplätzchen

Zutaten: 500 g Mehl, 300 g Butter, 200 g Zucker, 4 Eigelb, die abgeriebene Schale von einer unbehandelten Zitrone, 1 EL Rum, 2 Päckchen Vanillezucker, etwas Eigelb zum Bestreichen

Zubereitung: Mehl, Butter, Zucker, Eigelb, Zitronenschale, Rum und Vanillezucker schnell zu einem glatten Mürbeteig kneten und kalt stellen. Anschließend können Sie den Teig dünn ausrollen, mit Sternförmchen ausstechen und auf das Backblech legen. Mit verquirltem Eigelb bestreichen und im vorgeheizten Backofen auf der mittleren Schiene bei 200 Grad 10 bis 12 Minuten backen.

Zimtsterne

Zutaten: 3 Eiweiß, 250 g Puderzucker, 250 bis 300 g mit der Schale gemahlene Mandeln, 1 TL Zimt, 1 TL Rum, 1 Päckchen Vanillezucker

Zubereitung: Schlagen Sie das Eiweiß zu sehr steifem Schnee, und fügen Sie nach und nach den gesiebten Puderzucker hinzu. Von der Schaummasse eine halbe Tasse abnehmen und zum Bestreichen zurückstellen. Mandeln und Gewürze zu der Schaummasse geben und vorsichtig vermengen. Rollen Sie den Teig dann auf einem mit Puderzucker dick bestreuten Backblech 1/2 cm dick aus. Die ausgestochenen Sterne legen Sie auf ein gefettetes und mit Mehl bestäubtes Backblech, um sie mit dem zurückgestellten Guß zu bestreichen. Lassen Sie die Sterne dann bei 130 bis 150 Grad 30 bis 40 Minuten mehr trocknen als backen.

In der Weihnachtsbäckerei

Musik und Text: Rolf Zuckowski.
© MUSIK FÜR DICH Rolf Zuckowski OHG, Hamburg

In der Weih-nachts-bäk-ke-rei gibt es man-che Lek-ke-rei.

Zwi-schen Mehl und Milch macht so man-cher Knilch ei-ne rie-sen-gro-ße

Klek-ke-rei. In der Weih-nachts-bäk-ke-rei, in der Weih-nachts-bäk-ke-rei.

1. Wo ist das Re-zept ge-blie-ben von den Plätz-chen,
2. Brau-chen wir nicht Scho-ko-la-de, Zuk-ker, Ho-nig
3. Bit-te mal zur Sei-te tre-ten, denn wir brau-chen

die wir lie-ben? Wer hat das Re-zept ver-schleppt?
und Suc-ca-de und ein biß-chen Zimt? Das stimmt.
Platz zum Kne-ten. Sind die Fin-ger rein? Du Schwein!

Sprecher:

„Ich nicht" Na, dann müs-sen wir es pak-ken, ein-fach frei nach
„Vielleicht ich" But-ter, Mehl und Milch ver-rüh-ren, zwi-schen-durch ein-
„Ich auch nicht" Sind die Plätz-chen, die wir ste-chen, erst mal auf den

Schnau-ze bak-ken. Schmeißt den O-fen an — und ran!
mal pro-bie-ren, und dann kommt das Ei — vor-bei. } In der
O-fen-ble-chen, war-ten wir ge-spannt — ver-brannt.

69

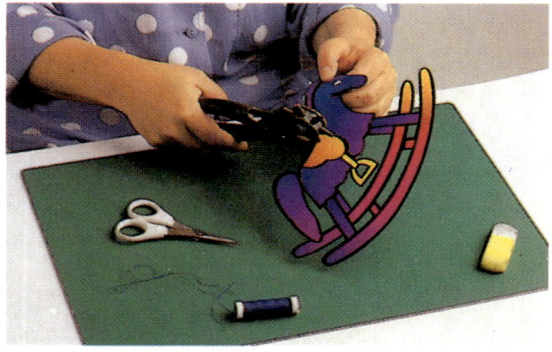

Farbige Fensterbilder
für Phantasievolle

Wenn es draußen dunkler wird und weniger Licht durch die Fenster fällt, schmücken Sie Ihre Fenster mit farbigen Fensterbildern. Sie werden staunen: Fensterbilder fangen die letzten Sonnenstrahlen ein und sind leuchtende Vorboten des weihnachtlichen Lichterfestes. Lassen Sie sich von den hier abgebildeten Vorschlägen inspirieren und zu eigenen Ideen anregen.

So wird's gemacht: Legen Sie durchscheinendes Papier auf die Vorlage, und fertigen Sie sich zunächst eine Schablone an. Fixieren Sie die Schablone dann mit schmalen Klebebandstreifen auf dem Trägermaterial, und zeichnen Sie alle inneren und äußeren Umrißlinien mit Bleistift dünn auf das Trägermaterial.

Damit die empfindliche Farbbeschichtung geschont wird, zeichnen Sie die Motivteile auf die weiße Rückseite des Regenbogen-Buntpapiers. Das Motivteil der Schablone wird dazu mit der Rückseite nach oben aufgelegt und mit Bleistift dünn nachgezeichnet. Nach dem Ausschneiden legen Sie die Teile auf das Trägermaterial, kontrollieren die Farbwahl der einzelnen Motive und kleben diese auf.

Sind Sie mit allen Einzelteilen so verfahren, schneiden Sie das Bild aus. Dabei gilt die Regel, immer von innen nach außen vorzugehen. Für die Gestaltung der Rückseite Ihres Fensterbildes fertigen Sie die Motivteile seitenverkehrt zur Vorderseite an. Mit Hilfe einer Nähnadel ziehen Sie schließlich an geeigneter Stelle einen farblich passenden Faden durch Ihr Fensterbild und hängen es auf.

Schaukelpferd
als Weihnachtsschmuck

Alle Motive dieser Seite sind einfache Modelle, bei deren Nacharbeiten Sie sich mit der Technik vertraut machen können. Sie wurden aus Regenbogen-Buntpapier, schwarzem Tonkarton und verschiedenfarbigem Tonpapier gefertigt. Wenn Sie ein Motiv mehrfach herstellen wollen, wählen Sie am besten Tonpapier für die Schablone. Haben Sie Mut zur eigenen Phantasie. Besonders spannend wird das Basteln, wenn Sie den Motiven Ihre eigene Farbwahl geben.

71

Sternenkranz im Kerzenglanz

Der transparente Sternenkranz muß wie die Krippe aus festem Tonkarton gearbeitet werden. Um das Farbspektrum zu erweitern, wurden einige Sterne und Figuren doppelt mit Transparentpapier hinterklebt. So erreichen Ihre Fensterbilder ein höchstmögliches Maß an Farbvielfalt und Leuchtkraft.

Die Erfahrung der Stille

Eines Tages besuchten einige moderne Menschen einen einsamen Mönch und fragten ihn, was er für einen Sinn sehe in seinem Leben in der Stille.

Der Mönch war eben damit beschäftigt, Wasser aus einem tiefen Brunnen zu schöpfen. Er forderte seine Besucher auf, in den Brunnen zu schauen: „Was seht ihr dort?"

Angestrengt blickten die Leute in den Brunnenschacht. „Wir sehen nichts!"

Eine Weile später forderte der Mönch sie erneut auf, in den Brunnen zu schauen. Seine Besucher schauten wieder in den Brunnen – und diesmal erkannten sie sich selbst.

„Als ich das Wasser schöpfte", erklärte der Mönch, „war das Wasser unruhig. Jetzt ist das Wasser ruhig wie ein großer schwarzer Spiegel. Das ist die Erfahrung der Stille. Man erkennt sich selber."

Gedichte gegen den Lärm

Wie können wir Weihnachten feiern?

Wie können wir Weihnachten feiern?
Daß einer dem andern vertraut.
Der Lärm und die Lichter,
Reklamegesichter,
die sind dafür viel zu laut.

Wie können wir Weihnachten feiern?
Daß einer den andern versteht.
Der Trubel, die Massen,
die klingelnden Kassen
bewirken nur, daß es nicht geht.

Wie können wir Weihnachten feiern?
Daß einer den anderen liebt.
Der Streß und die Menge
im Weihnachtsgedränge,
die machen, daß man es verschiebt.

Wie können wir Weihnachten feiern?
Den Stall mit der Krippe verstehn.
Mehr zuhörn statt reden,
und danken und beten,
uns selber entdecken
und nicht mehr verstecken,
den Lärm und die Kassen
weit hinter uns lassen,
so leise dann werden,
wie damals auf Erden
die Menschen einst waren,
als sie es erfahren.
Dann kann es vielleicht noch geschehn.

Rolf Krenzer

Vorweihnachtstrubel

Grüner Kranz mit roten Kerzen,
Lichterglanz in allen Herzen,
Weihnachtslieder, Plätzchenduft,
Zimt und Sterne in der Luft.
Garten trägt sein Winterkleid,
wer hat noch für Kinder Zeit?

Leute packen, basteln, laufen,
grübeln, suchen, rennen, kaufen,
kochen, backen, braten, waschen,
rätseln, wispern, flüstern, naschen,
schreiben Briefe, Wünsche, Karten,
was sie auch von dir erwarten.

Doch wozu denn hetzen, eilen,
schöner ist es zu verweilen,
und vor allem dran zu denken,
sich ein Päckchen „Zeit" zu schenken.
Und bitte laßt noch etwas Raum
für das Christkind unterm Baum!

Ursel Scheffler

3. Advent:

Von Wünschen
und Warten

Worauf warten wir noch?!

Weihnachten ist näher gerückt. Die Zeit des Wünschens hat begonnen. Vor allem viele Kinder spüren ein aufregendes Kribbeln im Bauch. Die Spannung nimmt zu. Das sind die Tage, an denen die Wunschzettel und die Weihnachtspost geschrieben werden. Es gibt wohl nicht viele Tage im Jahr, an denen die Luft von soviel guten Wünschen erfüllt ist. Manche sind auf Papier geschrieben, andere bleiben Gedanken und werden vielleicht Gebete. Bereits seit dem 5. Jahrhundert finden sich Menschen während der Adventszeit zu sogenannten Rorate-Gottesdiensten zusammen. Diesen Gottesdiensten, die an der Schwelle von der Nacht zum Tage gefeiert wurden, schrieb man eine besondere Segenskraft für Lebende, Tote und die Fruchtbarkeit des kommenden Jahres zu. In ihnen flossen alle guten Wünsche zusammen. Heute wird dieser alte Brauch vielerorts in sogenannten (liturgischen) „Frühschichten" wiederentdeckt und gibt der Zeit des Wünschens und Wartens eine ganz eigene Signatur.

Die Adventszeit sensibilisiert uns Menschen schon seit alter Zeit für unsere Sehnsüchte. Sie macht uns aufmerksam auf das, was uns zuinnerst bewegt. Wer genau hinsieht, bemerkt, das sind nicht nur seine Hoffnungen. Das sind uralte Träume, die da zu neuem Leben erwachen. Sie sind so alt wie die Menschheit selber. Letztlich sind es Gottes ureigene Träume. Etwa der Wunsch, das Leben möchte allen Lebewesen glücken, und wir Menschen möchten endlich menschlicher miteinander und der Erde umgehen. Die faszinierenden Visionen von einer Welt, in der der Friede den Krieg besiegt. Der Glaube daran, daß Gerechtigkeit herrscht und am Ende alles gut werden wird.

Der Advent ist eine Zeit für solche Leute, die noch nicht fertig sind mit dem Leben, eine Zeit für alle, die sich noch überraschen lassen können. Wer sich darauf einläßt, erfährt noch etwas anderes: Erwartungen wirken erfrischend. Sie bringen wieder Farbe in den grauen Alltag. Gegen Mutlosigkeit, Resignation und Langeweile werben sie für eine neue Art des Lebens. Denn Erwartungen haben nichts mit abwarten zu tun. Im Gegenteil. Sie bringen uns in Bewegung … Also, worauf warten wir noch! Ja, worauf warten wir eigentlich noch?

Wir sagen euch an den lieben Advent

Text: Maria Ferschl
Melodie: Heinrich Rohr
© Christophorus-Verlag, Freiburg i. Br.

Wir sagen euch an den lieben Advent.
Wir sagen euch an eine heilige Zeit.

Sehet, die erste Kerze brennt!
Machet dem Herrn die Wege bereit!

Alle

Freut euch, ihr Christen, freuet euch sehr!
Schon ist nahe der Herr!

2. Wir sagen euch an den lieben Advent.
Sehet, die zweite Kerze brennt!
So nehmet euch eins um das andere an,
wie auch der Herr an uns getan!
Freut euch, ihr Christen,
freuet euch sehr!
Schon ist nahe der Herr.

3. Wir sagen euch an den lieben Advent.
Sehet, die dritte Kerze brennt!
Nun tragt eurer Güte hellen Schein
weit in die dunkle Welt hinein!
Freut euch, ihr Christen,
freuet euch sehr!
Schon ist nahe der Herr.

4. Wir sagen euch an den lieben Advent.
Sehet, die vierte Kerze brennt!
Gott selber wird kommen, er zögert nicht.
Auf, auf, ihr Herzen, und werdet licht!
Freut euch, ihr Christen,
freuet euch sehr!
Schon ist nahe der Herr.

77

Verdichtete Erwartungen

andeutung

der kahle strauch
die spur im schnee
das wunderblatt
im grünen klee
sie deuten an
sie deuten an
daß doch noch
etwas
kommen kann

die stille nacht
das liebespaar
das mädchen
mit dem stroh im haar
sie deuten an
sie deuten an
daß doch noch
etwas
kommen kann

der mann der träumt
die schwangere frau
die dürre zeit
der morgentau
sie deuten an
sie deuten an
daß doch noch
etwas
kommen kann

das licht im haus
die offne tür
der tisch gedeckt
ein platz
bleibt leer
das deutet an
das deutet an
daß doch noch
einer
kommen kann

Wilhelm Willms

Wann fängt Weihnachten an?

Wenn der Schwache
dem Starken die Schwäche vergibt,
wenn der Starke
die Kräfte des Schwachen liebt,
wenn der Habewas
mit dem Habenichts teilt,
wenn der Laute
bei dem Stummen verweilt
und begreift,
was der Stumme ihm sagen will,
wenn das Leise
laut wird
und das Laute
still,
wenn das Bedeutungsvolle
bedeutungslos,
das scheinbar Unwichtige
wichtig und groß,
wenn mitten im Dunkel
ein winziges Licht
Geborgenheit,
helles Leben verspricht,
und du zögerst nicht,
sondern du
gehst,
so wie du bist,
darauf zu,
dann,
ja, dann
fängt Weihnachten an.

Rolf Krenzer

Von Menschen, die wunschlos unglücklich waren

Irgendwie war den Menschen die Lebensfreude abhanden gekommen. Nicht, daß sie nichts mehr vom Leben erwarteten. Im Gegenteil: ihre Erwartungen waren hochgespannt. Der eine träumte von einem größeren Auto, der andere von einem schöneren Haus und wieder andere davon, eines Tages so viel Geld zu haben, daß sie sich jeden Wunsch erfüllen konnten. Manche besaßen bereits so viel, daß sie eigentlich wunschlos glücklich hätten sein müssen. Aber ach, von Glück gab es keine Spur mehr. Die Menschen waren wunschlos unglücklich geworden. Sie hatten ihre Ärmel hochgekrempelt und sich keine Ruhe mehr gegönnt, um ihre Ziele zu erreichen. Je mehr sie aber arbeiteten und verdienten, um so unglücklicher wurden sie. Andere Menschen waren eine regelrechte Bedrohung für sie, und man traute einander nicht mehr. „Die Konkurrenz schläft nicht", sagten sie sich und versuchten einander auszustechen, wo sie nur konnten. Und das war nicht nur dort so, wo Geld verdient wurde. Auch den Kindern in der Schule ging die Kameradschaft verloren. Weil nur noch der etwas zählte, der auch genügend leistete, um sich etwas leisten zu können, wurden auch die Kinder zu Einzelkämpfern um den Erfolg. Jedermann hatte alle Hände voll zu tun und keine Hand mehr frei, um sie anderen zu reichen. Je mehr aber der Reichtum der einen zunahm, desto mehr vergrößerte sich auch die Armut der anderen. Schon bald lebten wenige Starke auf Kosten vieler Schwacher.

Eines Tages aber streifte ein Funke Sehnsucht die Seele eines Menschen, der diesen Namen wirklich verdient. Er fragte sich, welchen Sinn das alles habe, wurde unruhig und träumte davon, wie schön das Leben eigentlich sein könnte ... „Vielleicht", sagte er sich, „vielleicht liegt es daran, daß wir Menschen die falschen Wünsche haben!" Kurzentschlossen übte er eine neue Art des Wünschens. Er wünschte sich nicht mehr nur für sich, sondern auch für seine Mitmenschen alles Gute. Wer einem anderen aber alles Gute wünscht, der tut auch alles dazu, daß der andere Gutes erlebt ... So geschah es, daß durch die Sehnsucht eines einzigen Menschen etwas Neues seinen Anfang nahm. Wie die Geschichte ausgeht, weiß heute noch keiner zu sagen. Aber seit jenen Tagen überlegen wir Menschen genau, was wir uns und einander wünschen, denn wir wissen: Wünsche verwandeln die Welt, und was wir vom Leben erwarten, wird auch Wirklichkeit.

Karolins Wunschzettel

Katrin und Karolin waren überall in unserer Straße bekannt. Es waren die Zwillinge von Vogts im Haus Nummer neun. Sie tauchten immer nur zu zweit auf. Bis kurz vor Weihnachten jedenfalls. Ihre wuscheligen rotblonden Köpfe sah man schon von weitem leuchten. Von Anfang an war Karolin immer das Spiegelbild von Katrin. Sie saß neben ihr im Kinderwagen, bekam mit ihr Mumps und Masern, spielte mit ihr im selben Sandkasten und war immer so angezogen wie ihre Schwester. Sie glichen sich wie ein Ei dem anderen. Schließlich waren sie auch eineiige Zwillinge. Anfangs fand es Karolin ganz lustig, wenn die Leute sie mit ihrer Schwester verwechselten. Im Kindergarten machten sich die beiden einen Spaß daraus, heimlich Plätze oder die Gruppen zu tauschen. Sie führten mit ihrer Ähnlichkeit gerne andere an der Nase herum. Aber dann kam der erste Schultag.

Katrin und Karolin zogen mit den gleichen blauen Hosen, den gleichen weißen Polohemden, den gleichen roten Pullis, den gleichen gelben Ranzen und gleichgetupften Schultüten los.

„Da kommt das doppelte Katrinchen", sagte der Lehrer. Alle lachten. Nur Karolin nicht. Sie wußte erst selbst nicht, warum. Ganz still saß sie da. Auch am nächsten und übernächsten Tag.

Katrin fand sich in der Schule schnell zurecht. Sie hatte rasch neue Freunde und bemerkte gar nicht, daß Karolin immer stiller wurde. „Komm, spiel doch mit uns!" rief Katrin. Aber Karolin wollte nicht. „Spielverderber", sagte Katrin. Da drehte sich Karolin um und weinte. Nach einiger Zeit sprach der Lehrer mit der Mutter.

„Katrin ist ein sehr lebhaftes Kind", sagte er. „Karolin dagegen ist still und rührt sich kaum." Frau Vogt konnte sich das veränderte Verhalten von Karolin beim besten Willen nicht erklären. Auch zu Hause war sie anders als sonst. Sie blieb zu Hause, wenn Katrin zum Spielen rausging. Sie sah Bücher an, wenn Katrin Musik hörte, und sie wollte fernsehen, wenn Katrin Mensch-ärgere-dich-nicht spielen wollte.

Karolins Wunschzettel schließlich klärte die rätselhafte Angelegenheit ziemlich anschaulich auf. Und das kam so:

„Soll ich den Wunschzettel schreiben oder du?" fragte Katrin Ende November.

„Ich möchte diesmal meinen eigenen Wunschzettel schreiben", sagte Karolin.

„Wieso denn? Wir kriegen doch immer das gleiche", wunderte sich Katrin.

„Eben darum", antwortete Karolin. „Das finde ich schrecklich."

„Wieso denn auf einmal?" wunderte sich Katrin.

„Ich möchte mal einen quietschblauen Pulli kriegen, wenn du einen roten kriegst."

„Ich wünsch' mir keinen Pulli. Ich wünsch' mir Schlittschuhe", sagte Katrin.

„Ich wünsch' mir Rollschuhe", sagte Karolin.

„Ich wünsch' mir einen Tennisschläger", sagte Katrin.

„Ich wünsch' mir einen Malkasten", sagte Karolin.

„Ich wünsch' mir eine Laubsäge mit Sperrholz", sagte Katrin.

„Und ich wünsch' mir ein kariertes Hemd und viele Bücher", sagte Karolin. So ging es eine ganze Weile.

„Du bist mir doch nicht böse?" erkundigte sich Karolin, als sie mit dem Wünscheaufzählen fertig waren.

„Ach Quatsch", sagte Katrin, obwohl sie Karolins letzten Wunsch ziemlich bescheuert fand: Sie wollte sich einen Pferdeschwanz wachsen lassen und ihren Namen mit C schreiben.

Als Frau Vogt Karolins Wunschzettel las, wurde sie sehr nachdenklich. Bei Karolins letztem Wunsch wurde ihr plötzlich klar, was ihre Tochter so lange bedrückt hatte: Sie wollte unverwechselbar sein. Und nicht nur der Schatten von Katrin!

Natürlich bekamen die Zwillinge nicht alles zu Weihnachten, was sie sich gewünscht hatten. Aber am Weihnachtsbaum hing ein großes selbstgebackenes C mit einer roten Haarschleife. Da wußte Carolin, daß ihre Mutter sie verstanden hatte.

Ursel Scheffler

Weihnachtswunsch

Ich möcht' ein bißchen glücklich sein.
Ich möchte mich mit andern freun.
Ich wünsch' mir, daß mich jemand fragt:
„Wie geht es dir?" und einfach sagt:
„Ich mag dich und bin gern bei dir!"
Das wünsch' ich mir.

Ich möcht' ein bißchen glücklich sein.
Ein Anruf würde mich schon freun.
„Hallo! Wie geht's? Mach's gut!" und dann:
„Rufst du mich morgen auch mal an?"
„Ja, ganz bestimmt! So gegen vier!"
Das wünsch' ich mir.

Ich möcht' ein bißchen glücklich sein.
Käme doch einer mal herein
und sagt: „Ich hab' an dich gedacht
und dir mich selbst heut' mitgebracht.
Ich bleib', so lang du willst, bei dir!"
Das wünsch' ich mir!

Ich möcht' ein bißchen glücklich sein.
Ein Brief, ein Zettel winzig klein.
Ein Händedruck, ein nettes Wort,
ein Lächeln … und ich spür' sofort:
Mir geht es ebenso wie dir!
Das wünsch' ich mir!

Rolf Krenzer

81

Walnuß-Makronen

Zutaten: 3 Eiweiß, 1 Prise Salz, 100 g feinen Zucker, Saft und abgeriebene Schale von 1/2 unbehandelten Zitrone, 250 g fein gemahlene Walnüsse, ca. 50 Walnußhälften, ca. 50 runde Oblaten von ca. 4 cm Durchmesser

Zubereitung: Schlagen Sie das Eiweiß mit dem Salz sehr steif. Nach und nach den Zucker einrieseln lassen und weiterschlagen, bis sich die Zuckerkristalle völlig aufgelöst haben und die Masse glänzt. Geben Sie dann den Zitronensaft und die fein abgeriebene Zitrone hinzu, schlagen Sie etwa eine Minute weiter, und heben Sie die gemahlenen Nüsse sorgfältig unter. Legen Sie die Oblaten auf ein Backblech. Die Masse wird in einen Spritzbeutel gefüllt. Durch eine große Sterntülle spritzen Sie nun Häufchen auf die Oblaten, und setzen Sie je eine Walnußhälfte auf die Makronenspitze. Im vorgeheizten Backofen bei 175 Grad auf der mittleren Schiene etwa 20 bis 25 Minuten abbacken.

Vollwertiges und Wertvolles aus der Weihnachtsbäckerei

Vollwertküchlein

Zutaten: 100 g getrocknete Aprikosen, 50 g getrocknete Apfelringe, 50 g Rosinen, 150 g grobblättrige Haferflocken, 80 g Butter, 80 g Honig, 1 Ei, je eine Messerspitze Salz, Zimt, Piment, 50 g Kokosraspel, 50 g Mandelblättchen, 50 g grob gehackte Pistazien, geschälte Mandeln zum Verzieren

Zubereitung: Schneiden Sie das getrocknete Obst in kleine Stücke. Geben Sie es mit den Rosinen in eine Schüssel, übergießen Sie die Masse mit 200 ml heißem Wasser, und lassen Sie diese mehrere Stunden quellen. Die groben Haferflocken werden in einer großen Pfanne ohne Fett leicht angeröstet und zum Auskühlen auf einen Teller geschüttet. Butter und Honig in einem Topf bei geringer Hitze flüssig rühren, in eine Schüssel füllen und völlig auskühlen lassen. Nun das Ei zugeben und die Masse schaumig rühren. Gewürze, Haferflocken und Kokosraspel unterrühren, Mandeln und Pistazien unterheben. Gießen Sie das eingeweichte Trockenobst in ein Sieb und drücken Sie es gut aus, ehe Sie es ebenfalls unter den Teig mischen. Nachdem Sie das Backblech mit Backpapier ausgelegt haben, setzen Sie mit zwei Teelöffeln jeweils kleine Teighäufchen auf das Blech, die Sie mit einer geschälten Mandel verzieren. In der Mitte des vorgeheizten Ofens bei 175 Grad etwa 20 bis 25 Minuten backen.

Spritzgebäck

Zutaten: 175 g Butter, 1 Ei, 125 g Honig, 1 Messerspitze Vanille, bei Bedarf 1-2 EL Milch, 75 g gemahlene Mandeln, 225 g Weizenmehl

Zubereitung: Rühren Sie Butter, Ei und Honig cremig, und heben Sie anschließend den Vanillezucker, die Mandeln und das Weizenmehl unter. Den Teig lassen Sie ca. 1 Stunde im Kühlschrank ruhen, ehe Sie ihn in einen Spritzbeutel mit großer Sterntülle füllen. Spritzen Sie die Plätzchen auf ein gefettetes Blech, und backen Sie diese bei 175 Grad ca. 10 bis 15 Minuten hellgelb auf mittlerer Schiene. Je nach Geschmack mit Schokolade glasieren.

Der Advent ist da

Text: Rolf Krenzer. Melodie: Paul G. Walter
aus: MC Wir feiern Advent – PGW 026
© Musikbär-Verlag, Schriesheim, 1990

1. Wenn wir heim-lich Päck-chen pak-ken, wenn wir Ha-sel-nüs-se knak-ken, Päck-chen pak-ken, Nüs-se knak-ken, dann weiß je-der gleich Be-scheid: Der Ad-vent ist da und die schönste Zeit. Der Ad- Zeit.

2. Wenn wir flüstern, heimlich tuscheln,
eng uns aneinander kuscheln,
flüstern, tuscheln
und uns kuscheln,
dann weiß jeder gleich Bescheid:
Der Advent ist da
und die schönste Zeit.

3. Wenn zu Haus beim Plätzchenbacken
alle Leute mit anpacken,
Plätzchen backen,
mit anpacken,
dann weiß jeder gleich Bescheid:
Der Advent ist da
und die schönste Zeit.

4. Und wenn wir im Kindergarten
auf den Nikolaus dann warten,
Kindergarten,
warten, warten,
dann weiß jeder gleich Bescheid:
Der Advent ist da
und die schönste Zeit.

5. Wenn vor unsern Fensterscheiben
erste weiße Flocken treiben.
Fensterscheiben,
Flocken treiben,
dann weiß jeder gleich Bescheid:
Der Advent ist da
und die schönste Zeit.

6. Wenn wir Weihnachtspost frankieren
und dann Bratäpfel probieren,
Post frankieren,
dann probieren,
dann weiß jeder gleich Bescheid:
Der Advent ist da
und die schönste Zeit.

7. Wenn wir basteln, hämmern, schneiden
und die Luft voll Heimlichkeiten,
basteln, schneiden,
Heimlichkeiten,
dann weiß jeder gleich Bescheid:
Der Advent ist da
und die schönste Zeit.

Geheimnisse und Wünsche vor Weihnachten

Vers

1. Am Kranz die er-ste Ker-ze brennt, wir al-le fei-ern den Ad-vent.

Ich will dir heim-lich sa-gen, was ich wünsch' in die-sen Ta-gen:

Kehrvers

Leuch-te, leuch-te in die wei-te Welt, Licht, das uns er-hellt.

Leuch-te, leuch-te in die wei-te Welt, Licht, das uns er-hellt.

2. Am Kranz die zweite Kerze brennt,
wir alle feiern den Advent ...

3. Am Kranz die dritte Kerze brennt,
wir alle feiern den Advent ...

4. Am Kranz die vierte Kerze brennt,
wir alle feiern den Advent.
Ich will dir ganz laut sagen:
Kommt, wir wollen uns vertragen!
Frieden, Freude uns und aller Welt,
Licht, das uns erhellt.
Frieden, Freude uns und aller Welt,
Licht, das uns erhellt.

Text: Barbara Cratzius.
Musik: Ludger Edelkötter
aus: Alle Knospen springen auf, 1989
© Impulse-Musikverlag, Drensteinfurt

Tip: Dieses Lied kann gut eingesetzt werden, wenn die Kerzen am Adventskranz entzündet werden. Während Vater oder Mutter eine Kerze nach der anderen anzünden, singen die Kinder das Lied. An der Stelle „Ich will dir heimlich sagen", flüstern alle zuerst ihren Nachbarn rechts, dann links, dann wieder rechts ihre Wünsche ins Ohr. Bei der letzten Strophe fassen sich alle bei den Händen und heben sie hoch, als ob ein schützendes Dach gebildet werden sollte.

Von Wunschzetteln und allerlei Weihnachtswichtelei

Was wäre die Adventszeit ohne Wunschzettel und Wichtelei?

Besonders Kinder haben viel Freude am Gestalten eines eigenen Wunschzettelpapiers. Solche Aktionen bieten außerordentlich viel Freiraum für die eigene Kreativität. Manche Kinder mögen vor allem bunte Bilder malen, andere lieber basteln. Bei letzterem können Sie Ihren Kindern helfend zur Hand gehen. Sie werden sich wundern, was die kleinen Künstler so alles aus Papierresten hervorzaubern können. Anderen Kindern wieder wird es helfen, wenn sie zunächst gemeinsam Schablonen für die Schmuckteile anfertigen. Die werden in der Mitte doppelt gelegt, auf das Tonpapier übertragen, ausgeschnitten und dann auf das Briefpapier geklebt, auf dem sich dann wirklich wunderbare Wunschzettel schreiben lassen.

Vielleicht sprechen Sie mit Ihren Kindern vorher darüber, daß es noch andere Wünsche gibt als Spielsachen oder materielle Dinge. Als Ausgangspunkt dazu eignet sich hervorragend eine kleine Geschichte oder ein kleines Gedicht. Manche Kinder werden in ihrer Kindergartengruppe auch schon über das Wünschen nachgedacht haben. Lassen Sie die Kleinen unbedingt davon erzählen. Übrigens ist das alles andere als Kinderkram. Es tut nicht nur Ihren Kindern gut, mit ihren Eltern gemeinsam Wunschzettel zu schreiben. Es wird auch Ihnen selbst guttun. Der ernsthaft abgefaßte Wunschzettel eines Erwachsenen nämlich kann zu einer echten Bereicherung werden, weil er Sie mit Ihren wirklichen Wünschen und Erwartungen in Berührung bringt.

Damit das Warten auf Weihnachten nicht gar zu lange dauert, verkürzen Sie sich die Zeit doch etwas mit allerlei Wichtelei. Das wäre ein schöner Abschluß des gemeinsamen Wunschzettelschreibens. Jeder schreibt seinen Namen auf einen Zettel. Alle Zettel werden in einem Hut oder Kochtopf gemischt und ausgelost. In den wenigen Tagen bis Weihnachten überraschen nun alle guten Weihnachtswichtelgeister ihren Wichtelpartner mit netten, kleinen Aufmerksamkeiten. Kurz vor Weihnachten kann man dann das Geheimnis lüften. Spürnasen werden ihrem Wichtel bis dahin wohl längst auf die Schliche gekommen sein. Aber unabhängig davon, die Wichtelei bietet eine gute Gelegenheit, einander auch alle die guten Wünsche mit Bildern, Selbstgebasteltem, Gebackenem oder kleinen Briefen zu sagen, die sonst im Alltag untergehen würden.

85

Weihnachtswünsche,
die von Herzen kommen

Weihnachtskarten lassen alte Freundschaften wieder aufleben und sind für manchen ein unerwartetes, dafür aber um so wertvolleres Geschenk. Massenware gibt es genug. Basteln Sie doch Ihre ganz eigenen Weihnachtskarten. Es ist nicht so aufwendig, wie es ausschaut. Sie brauchen dazu nur Briefkarten oder Tonpapier in der gewünschten Farbe, Bleistift, Schere und ein Papiermesser. Schon bald wird Sie die Lust am eigenen Entwurf überkommen, und Sie werden kaum die Vielzahl Ihrer Ideen verwirklichen können. Kinder sind bei solchen Basteleien sehr inspirierend. Ihre spontanen

Einfälle und unbefangene Kreativität fördern unkonventionelle Ideen zutage.

Übertragen Sie die Vorlagen auf Tonpapier. Dann schneiden Sie diese aus und kleben alle Einzelteile auf die vorbereitete Klappkarte. Nach der Fertigstellung wird ein Teil am Motiv entlang sorgfältig freigeschnitten.

Anspruchsvollere wählen womöglich eine Handarbeit mit Überraschungseffekt: Beim Aufklappen tritt das ausgesuchte Motiv, der gestaltete Glückwunsch selbst hervor, sozusagen als dritte Dimension.

Bei der rechts abgebildeten gelben Karte ist das Klappmotiv durch Einschneiden entstanden. Eine durchgehende senkrechte Linie ist die Hauptfaltlinie. Das aufgezeichnete Motiv schneiden Sie am besten mit einem Papiermesser ein. Beachten Sie aber, daß immer mindestens zwei Verbindungsstege vom Motiv zur Karte erhalten bleiben müssen. Erst am Schluß falten Sie die Hauptfaltlinie. Dabei drücken Sie das oder die Motive von hinten heraus und falten die Karten zusammen.

86

*Technik 1: Klappmotive,
die durch Einschneiden
entstehen*

*Nikolaus und Wichtel-
männchen überbringen
Ihre besten Wünsche.*

*Eine selbstgebastelte Weih-
nachtskarte ist ein kleines
Geschenk mit einer ganz
persönlichen Note für den
Empfänger.*

Stadt in Weihnachtsstimmung

Kirche und Stadt eignen sich vorzüglich als stimmungsvolle Kartenmotive, die man nicht so schnell vergißt. Aufgestellt kann man sie von hinten beleuchten. Die Karte mit dem Kirchenmotiv ist nach Technik 1 gearbeitet, das – mit Transparentpapier hinterklebte – Stadtmotiv nach Technik 2.

Die Motive werden einzeln oder zusammen ausgeschnitten und auf einen genügend großen Papierstreifen zusammengeklebt. Der vorbereitete Motivstreifen wird dann unten der Länge nach ca. 1 cm umgefaltet (Klebefalz). Die Mitte wird durch den Mittelfalz bestimmt und an dieser Stelle bis zum Längsfalz eingeschnitten, dann wird diese Einschnittstelle überklappend eingeklebt. Den Klebefalz versehen Sie mit Klebstoff und kleben ihn (winkelig) auf die Karte. Die Einschnittstelle muß dabei genau auf dem Bruch der Karte liegen.

Technik 2: Klappmotive,
die sich von hinten nach
vorn aufrichten

O Tannenbaum

Auch als Raumschmuck sind die hervorstehen-
den Tannenbäumchen in den Weihnachtstagen
ein reizender Anblick. Die plastische Wirkung
entsteht durch einen dreifach gefalteten Papierstreifen, der zwischen Motiv und Karte eingeklebt wird.

Vom König, der Gott sehen wollte

In einem fernen Lande lebte einst ein König, den am Ende seiner Tage Schwermut befiel. „Seht", sagte er, „nun habe ich in meinem Leben alles, was nur ein Mensch erleben und mit den Sinnen aufnehmen kann, erfahren, gehört und gesehen. Nur eines habe ich nicht gesehen in meinem ganzen Leben: Gott habe ich nicht gesehen. Ihn wünsche ich noch zu sehen."

Deshalb erließ der König an alle Machthaber, Weisen und Priester den Befehl, ihm Gott zu zeigen. Schwerste Strafen wurden ihnen angedroht, wenn es ihnen nicht gelänge. Der König gewährte eine Frist von drei Tagen.

Trauer kam über die Einwohner des königlichen Palastes, und alle warteten auf ihr bevorstehendes Ende. Genau nach drei Tagen um die Mittagszeit ließ der König sie vor sich rufen. Der Mund der Machthaber, der Weisen und Priester aber blieb stumm. In seinem Zorn war der König schon bereit, das Todesurteil auszusprechen.

Da kam ein Hirte vom Felde, der von des Königs Befehl gehört hatte, und sagte: „Erlaube mir, König, deinen Wunsch zu erfüllen!"

„Gut", sagte der König, „aber bedenke, es geht um deinen Kopf."

Der Hirte führte den König auf einen freien Platz und zeigte ihm die Sonne. „Sieh hin", sagte er. Der König hob seine Augen und wollte die Sonne sehen. Aber der Glanz blendete ihn, und er senkte den Kopf und schloß die Augen. „Willst du, daß ich erblinde?" sagte er zu dem Hirten. „Aber König, das ist doch nur ein Ding der Schöpfung, ein schwacher Abglanz der Größe Gottes, ein kleines Fünkchen seines flammenden Feuers. Wie willst du mit deinen schwachen, tränenden Augen Gott sehen? Suche ihn mit anderen Augen!"

Der Einfall gefiel dem König. Er sagte zu dem Hirten: „Ich erkenne deinen Geist und sehe die Größe deiner Seele. Antworte mir nun: Was war vor Gott?" Nach einigem Nachdenken sagte der Hirt: „Sei nicht zornig wegen meiner Bitte, aber zähle! …" Der König begann: „Eins, zwei …" – „Nein, nein", unterbrach ihn der Hirt, „nicht so, fange mit dem an, was vor eins kommt." – „Wie kann ich denn? Vor eins gibt es doch nichts." – „Sehr weise gesprochen, Herr. Auch vor Gott gibt es nichts." Diese Antwort gefiel dem König noch besser als die vorhergehende. „Ich werde dich reich beschenken; vorher aber antworte noch auf die dritte Frage: Was macht Gott?" Der Hirt sah, daß des Königs Herz weich geworden war. „Gut", sagte er, „auch darauf will ich dir antworten. Nur um eines bitte ich dich: Laß uns die Kleider für eine kurze Zeit tauschen." Und der König legte die Zeichen seiner Königswürde ab, kleidete damit den Hirten, und selbst zog er dessen unscheinbaren Rock an und hängte sich die Hirtentasche um. Und der Hirt setzte sich auf den Thron, nahm das Zepter und zeigte damit auf den an den Stufen des Thrones mit seiner Hirtentasche stehenden König. „Siehst du, das macht Gott! … Den einen erhebt er auf den Thron, und den anderen läßt er heruntersteigen." Und der Hirt zog wieder seine eigene Kleidung an.

Der König stand in Gedanken versunken. Das letzte Wort des Hirten brannte auf seiner Seele. Aber plötzlich ermannte er sich, und unter sichtbaren Zeichen der Freude sagte er: „Jetzt sehe ich Gott."

Leo N. Tolstoi

4. Advent: Von Phantasie und Vertrauen

sind Kinder unserer Phantasie, für den Beschenkten werden sie zu Symbolen der Sympathie und zu zärtlichen Zeugen unserer Zuneigung. Da kann das unbeholfen gemalte Bild eines kleinen Künstlers schnell so wertvoll werden wie ein Edelstein. Sich etwas einfallen zu lassen für andere, eine Kultur kreativen Schenkens zu entwickeln, auch dazu lädt die Adventszeit ein.

Das ist nicht neu. Genau genommen ist auch das Schenken so alt wie diese Zeit selber. Die Geschenke erinnern an das erste und größte Weihnachtsgeschenk, die Geburt Jesu, und die Gaben der Könige. Mit unseren Geschenken spielen wir darauf an. Wir spielen das erste Weihnachten nach, und indem wir es nachspielen, wird es wieder Wirklichkeit: Gott kommt zur Welt, mitten in unser Leben. Und das nicht nur zwischen Freunden und in Familien, sondern auch dort, wo nahen und fernen Fremden durch die großen und kleinen Weihnachtsspendeaktionen geholfen wird.

Auch die Bräuche der Herbergsuche und des Frauentragens, die heute an manchen Orten wiederentdeckt werden, stecken voller Anspielungen. Ein Bild von Maria und Josef wird in einer durch Los bestimmten Reihenfolge von Haus zu Haus getragen, von den Familien feierlich aufgenommen und für mindestens eine Nacht beherbergt – nicht nur zum Zeichen praktischer Fremdenfreundlichkeit, sondern auch als Hinweis darauf, daß man diesem Paar, durch das der Himmel auf die Erde kam, seine volle Aufmerksamkeit und Gastfreundschaft schenken will.

Vom grünen Zweig bis hin zu den unterschiedlichsten Geschenken – der Advent ist eine Zeit voller Anspielungen, die uns dazu verführen will, mehr Phantasie und Vertrauen zu investieren. Wer das probiert, erlebt eine wirklich schöne Bescherung – und das nicht nur zur Weihnachtszeit . . .

Zärtliche Zeugen
der Zuneigung

Verstohlene Vorbereitungen werden getroffen, Geheimnisse sorgfältig gehütet. In den Kaufhäusern nimmt das Gedränge spürbar zu. Aber auch daheim werden kleine und große Erfinder geschäftiger: Geschenke werden ausgesucht, gebastelt und verpackt – einer der schönsten Bräuche der Adventszeit. Dabei kommt es gar nicht darauf an, möglichst große und teure Geschenke zu machen. Originell sollen die Geschenke sein – und überlegt. Sie

Was schenk ich dir zu Weihnachten?

Text: Rolf Krenzer.
Melodie: Paul G. Walter
aus: Liedheft + MC Dann fängt Weihnachten an, PGW 012
© Musikbär-Verlag, Schriesheim

1. Was schenk ich dir zu Weih-nach-ten, daß es dir Freu-de macht? Ich

ha-be lang vor Weih-nach-ten schon drü-ber nach-ge-dacht.

1. Was schenk ich dir? Was schenk ich dir? Mir fällt fast nichts mehr ein.
Schön ein-ge-rahmt ein Bild von mir? Ein Ring mit ei-nem Stein?

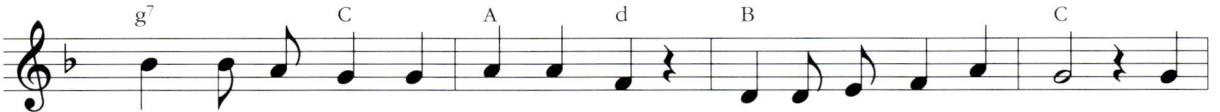

Schenk ich ein Spiel? Ein Ku-schel-tier? Ob dir das wohl ge-fällt? Ein

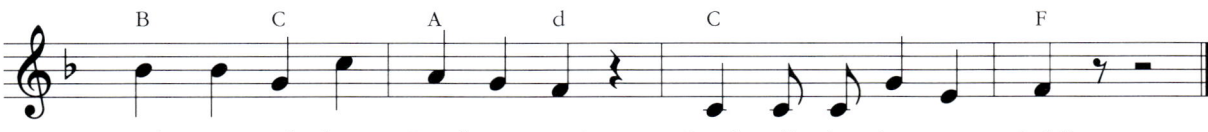

Buch? Ein Pak-ken Brief-pa-pier? Doch all das ko-stet Geld!

2. Für Oma und für Onkel Klaus,
für Mutti und Papa
gab ich mein Taschengeld schon aus,
und jetzt ist nichts mehr da.
Für Opa bastelte ich dann
'ne Kerze, die auch brennt.
Das einz'ge, was ich basteln kann.
Mir fehlt halt das Talent.

3. Jetzt steh ich da und frage mich:
Was könnt's für dich nur sein?
Was Schönes hätt ich gern für dich,
doch mir fällt nichts mehr ein.
Weil ich dich ganz besonders mag,
möcht ich dich gern erfreun.
Drum soll's zu diesem Weihnachtstag
was ganz Besondres sein.

4. Doch als ich heute aufgewacht,
da hatt ich's endlich raus:
Am Weihnachtsmorgen gegen acht
steh' ich vor deinem Haus.
Ich rufe: „Hallo, ich bin hier!"
Ich klingel an der Tür
und bleib den ganzen Tag bei dir!
Dann hast du was von mir!

Schluß-Refrain:
Das schenk ich dir zu Weihnachten,
weil das dir Freude macht!
Das hätt'st du dir zu Weihnachten
bestimmt nicht ausgedacht!

Weihnachtsgeschenke

Die letzte Woche vor Weihnachten war angebrochen, und jeder steckte mitten in den Vorbereitungen für den Heiligen Abend. Mutter saß an der Nähmaschine und schneiderte etwas, was noch keiner erkennen konnte. Vielleicht einen Rock für Susi oder eine Bluse für Barbara, vielleicht aber auch ein Hemd für den kleinen Tommy, der seit Herbst den Kindergarten besucht.

Barbara strickte ohne Pause, weil der Pullover für Vater unbedingt fertig werden sollte. Und Vater war recht gewichtig, so daß viele Maschen gestrickt werden mußten. Susi bemalte Spanschachteln mit bunten Mustern. Sie hatte sich an dem kleinen Ecktisch verbarrikadiert und dicke Bücher aufrecht um sich herum aufgestellt, so daß niemand Einblick in ihre Arbeit nehmen konnte. Es sollte ja für alle eine Überraschung werden.

„Jetzt ist mein Bild für Papa fertig", sagte plötzlich der kleine Tommy mit einem tiefen Seufzer und kletterte von dem Stuhl herunter, auf dem er über eine Viertelstunde lang eifrig am Küchentisch gemalt hatte.

„Ich habe den Papa gemalt!" rief er und schwenkte ein Stück Papier triumphierend über seinem Kopf. Er rannte zu Susi, um ihr das Kunstwerk vorzuführen. Kein Wunder, daß dabei ein paar Bücher mit lautem Krach umstürzten und Susi alle Hände voll zu tun hatte, ihren Bruder von ihren geheimen Malereien fernzuhalten.

„Das soll Papa sein?" lachte sie laut, als sie die Schmierereien auf dem Blatt erblickte, das Tommy ihr entgegenstreckte. „Das sieht ja aus wie ein Huhn", lachte sie. „Ja, wie ein Huhn in der Mauser!"

„Das ist kein Huhn", meinte Tommy ärgerlich und riß ihr das Blatt aus den Fingern. „Das ist Papa!"

94

Barbara legte ihr Strickzeug zur Seite und betrachtete sich Tommys Bild von allen Seiten. „Du hast recht", sagte sie schließlich. „Es ist kein Huhn! Aber Papa ist es auch nicht!" Sie überlegte eine Weile und meinte dann: „Wenn nicht alles so verschmiert wäre, könnte man vielleicht dort etwas erkennen!" Sie deutete mit ihrem Finger auf den linken oberen Rand des Blattes. „Das könnte zum Beispiel eine zusammengetretene Colabüchse sein. Aber eigentlich ist alles nur Gekrakel!"

„Es ist kein Geschmiere und kein Gekrakel", sagte Tommy leise und war ganz nahe am Weinen. „Es ist Papa!" Er zeigte mit seinem kleinen dicken Finger auf einen riesigen blauen Fleck mitten auf seinem Bild. „Und das ist Papas neue Hose!"

Die Mutter war inzwischen hereingekommen und hatte über Tommys Schulter das Bild betrachtet.

„Natürlich ist das Papa!" sagte sie und lachte. „Das sind einwandfrei seine blauen Hosen. Und so chaotisch und lustig wie das übrige, was Tommy gemalt hat, genauso ist Papa!"

„Ich sehe nichts von Papa auf diesem Bild", stellte Barbara sachlich fest. „Noch nicht einmal einen Kopf hat er ihm gemalt", fügte Susi hinzu.

Aber Mutter nahm ihren kleinen Jungen mit dem Bild auf den Schoß und sagte: „Er ist eben ein richtiger Künstler! Wenn er Papa so haben wollte, daß ihn jeder sogleich erkennt, dann hätte er ihn knipsen müssen. Aber wir haben schon so viele Fotos!"

Tommy nickte. Er war so glücklich darüber, daß seine Mutter ihn so gut verstand.

„Er hat den Papa von innen gemalt!" sagte sie dann. „Er hat das gemalt, was andere nicht sehen können. Was in Papas Gedanken und in seinem Herzen vor sich geht. Zum Beispiel, daß er sich sehr über seine neue blaue Hose freut! Und daß er sehr lieb ist!"

Sie drückte ihren kleinen Jungen an sich und fragte ihn lächelnd: „Stimmt's?"

„Genau!" sagte Tommy und nickte. Dann fragte er aber vorsichtig nach: „Glaubst du, daß Papa das auch gleich erkennt?"

„Bestimmt", lachte Mutter. „Ganz bestimmt!"

Rolf Krenzer

Daß Dein Geschenk Du selber bist

Schenke herzlich und frei.
Schenke dabei,
Was in Dir wohnt
An Meinung, Geschmack und Humor.
So daß die eigene Freude zuvor
Dich reichlich belohnt.

Schenke groß oder klein,
Aber immer gediegen.
Wenn die Bedachten die Gaben wiegen,
Sei Dein Gewissen rein.

Schenke mit Geist, ohne List.
Sei eingedenk,
Daß Dein Geschenk
Du selber bist.

Joachim Ringelnatz

O Heiland, reiß die Himmel auf

Text: Friedrich Spee.
Melodie: Rheinfelsisches Gesangbuch, Augsburg

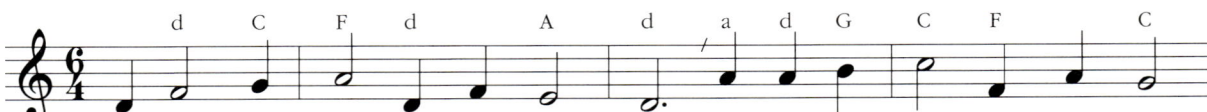

1. O Hei - land, reiß die Him - mel auf, her - ab, her - ab vom Him - mel

lauf. Reiß ab vom Him-mel Tor und Tür, reiß ab, wo Schloß und Rie-gel für.

2. O Gott, ein' Tau vom Himmel gieß,
im Tau herab, o Heiland, fließ.
Ihr Wolken, brecht und regnet aus
den König über Jakobs Haus.

3. O Erd, schlag aus, schlag aus, o Erd,
daß Berg und Tal grün alles werd.
O Erd, herfür dies Blümlein bring,
o Heiland, aus der Erden spring.

4. Wo bleibst du, Trost der ganzen Welt,
darauf sie all ihr Hoffnung stellt?
O komm, ach komm vom höchsten Saal,
komm, tröst uns hier im Jammertal.

5. O klare Sonn, du schöner Stern,
dich wollten wir anschauen gern;
o Sonn, geh auf, ohn deinen Schein
in Finsternis wir alle sein.

6. Hier leiden wir die größte Not,
vor Augen steht der ewig Tod.
Ach komm, führ uns mit starker Hand
vom Elend zu dem Vaterland.

96

Ein kleiner Traum oder Gottes größtes Geschenk

Es war einmal ein Traum, und dieser Traum lebte bei Gott. Gott träumte, er selber wohne mitten unter den Menschen, und alle hätten endlich begriffen, daß er nichts mehr wünsche als gelungenes, geglücktes und entfaltetes Leben für alle Lebewesen.

Aus Liebe zu seiner Schöpfung wurde Gott erfinderisch und träumte von einem Garten des Lebens, in dem allein die Liebe herrschte. Krankheit, Not und Elend waren verschwunden, und es gab keinen Krieg, keinen Streit und keine Boshaftigkeit mehr. Gott träumte, er selber werde jede Träne von den Augen der Weinenden und Leidenden trocknen.

Allein, dieser Traum Gottes war beinahe zu schön, um wahr zu sein. Dies spürte keiner deutlicher als der Traum selbst. Wenn er sich mit der Lebenswirklichkeit auf der sichtbaren Welt verglich, wurde er traurig, weinte und haderte mit Gott: „Was bist du nur für ein Gott? Du wohnst in deinem Himmel und läßt die Welt sehen, wie sie zurechtkommt. Du träumst die buntesten Träume von einem glücklichen Leben, aber auf der Erde geht es ganz anders zu. Machst du es dir nicht zu einfach mit deiner Welt?" – „Auch ich sehe das alles", antwortete Gott ihm. „Du tust mir unrecht, wenn du glaubst, daß es mich nicht trifft. Es tut mir weh, was aus meiner Welt geworden ist. Aber meine Geschichte mit dieser Welt und den Menschen ist noch lange nicht zu Ende, kleiner Traum." – „Aber sieh doch", entgegnete ihm der Traum, „die Augen so vieler Menschen sind stumpf und leer geworden, als ob die Träume in ihnen gestorben seien. Was bin ich schon für diese Welt? Ein kleiner Traum, der nicht weiter ernst genommen wird." – „Die Welt wird verwandelt von der Phantasie der Liebenden", antwortete Gott. „Sie wird nur dann wirklich lebendig, wenn die Liebe in den Herzen der Menschen erwacht. Das muß ganz klein und still anfangen wie ein Funke Sehnsucht oder ein kleiner Traum. Ein Traum, ja, ein Traum vermag die Menschen wohl aus ihrer Erstarrung und Mutlosigkeit zu reißen!"

In diesen Worten brach mit Macht die liebevolle Lebenskraft Gottes durch. Der Traum wurde angesteckt von der Lebenssehnsucht Gottes. Er wollte Wirklichkeit werden in dieser Welt, die so anders war.

„Werden die Menschen mich aufnehmen?" fragte er Gott.

„Du wirst es nicht leicht haben", antwortete er ihm. „Die Menschen können deinen himmlischen Körper mit ihren irdischen Augen nicht erkennen. Du wirst für sie unsichtbar sein und nur aus ihren Herzen zu ihnen sprechen können. Viele Menschen aber glauben der Stimme ihres Herzens nicht mehr und meinen, was man nicht sehen könne, existiere deshalb nicht und könne niemals Wirklichkeit werden. Daher ist es wichtig, daß du einen Menschen oder eine Gruppe von Menschen findest, bei denen du wohnen und lebendig werden kannst. Dann wirst du nicht länger unsichtbar sein für die Welt, du wirst Hand und Fuß bekommen. Geh jetzt, kleiner Traum, und lebe."

So machte sich der kleine Traum auf seine große Reise. Jahrtausend um Jahrtausend wanderte er unermüdlich durch die Welt und gelangte auch in eines der ältesten Bücher der Menschen, das sie bis heute heilighalten. „Nun kann ich nicht mehr sterben", dachte der kleine Traum, „nun werde ich endlich leben."

Aber es kam alles anders. Denn jetzt war er in dicken Büchern und wohlklingenden Reden gefangen, und gelehrte Menschen stritten sich darüber, wie er denn nun zu verstehen sei. Über alle Auslegung vergaßen die Menschen jedoch nur allzu schnell, daß dieser Traum nicht zuerst in lehrreichen Büchern und auf Papier geschrieben sein wollte, sondern ins Herz jedes einzelnen Menschen.

Manchmal ließen sich Menschen in dunklen Stunden ihres Lebens von diesem Traum anstiften und versuchten, seinen Lichtern zu folgen. Am Tage aber schoben sie ihren Traum von einer menschlicheren, gerechteren Welt schnell wieder beiseite. „Träume sind Schäume!" sagten sie dann entschuldigend.

So wanderte der Traum weiter und weiter. Aber soviel er auch suchte, er fand keinen Menschen, der ihm Vertrauen schenken wollte. Da wurde er immer trauriger, und große Müdigkeit kam über sein Herz.

Er schrie zu Gott: „Die Menschen bringen mich ums Leben, noch bevor sie mir eine Chance gegeben haben. Sie wollen mich nicht, sie haben keinen Platz für mich in ihrer Welt."

Gott aber nahm den traurigen Traum zu sich und tröstete ihn.

„Warum trauen sie dir nicht? Warum glauben sie lieber ihrer Angst und nicht daran, daß am Ende das Gute und die Liebe siegen werden?"

Gott war sehr nachdenklich geworden. Vielleicht meinten die Menschen, er nähme sie nicht ernst genug? Vielleicht mußte er ihnen noch weiter entgegenkommen, ja, vielleicht sollte er ihnen ein Beispiel geben?

„Wenn die Menschen dir nicht Hand und Fuß geben, dann werde ich es selber tun! Einer muß doch anfangen und die Welt aufbrechen für die Weite und Wirklichkeit des Himmels, sonst ersticken sie am Ende in der Enge ihrer Angst. Ich werde den Menschen ein großes Geschenk machen: Ich gebe ihnen ein Leben für die Welt, damit sie endlich begreifen, daß die Phantasie der Liebe größer ist als die Angst und stärker als das Leid und lebendiger als der Tod."

So nahm eine neue Geschichte ihren Anfang, als der Lebenstraum Gottes in dem kleinen Kind eines jungen Liebespaares auf der Erde zu atmen begann ...

Phantasiereisen – ein etwas anderer Adventsabend

Auch im Advent muß man einmal ausspannen. Ein Adventsabend mit einer Phantasiereise ist dazu ideal geeignet. Nicht nur, daß solch eine Übung sehr entspannend und erholsam ist. Sie stoppt den unaufhaltsam auf uns einstürzenden Strom von Ereignissen und Reizen für kurze Zeit und weckt unsere eigenen inneren Bilder.

Voraussetzung für solche Reisen sind ein angenehmer, ungestörter Ort, eine Wolldecke zum Liegen, etwa 15 Minuten Zeit und eine vertrauensvolle Atmosphäre. Einer übernimmt die Funktion des Reiseführers. Er trägt langsam und ruhig den Text vor. Die anderen folgen ihm. Machen Sie sich mit Ihrer Familie auf den Weg. Wie wäre es zum Beispiel mit einer Wanderung durch den ersten frischen Schnee . . .

Leg dich bequem auf den Rücken . . . schließ die Augen . . . spür die Unterlage, auf der du liegst . . . und entspanne deinen ganzen Körper . . . laß ganz bewußt alle Muskeln los . . . alle Spannungen heraus . . . aus den Armen . . . den Beinen . . . dem Gesäß . . . dem Rücken . . . dem Gesicht . . . der Stirn . . . den Augen . . . dem Mund . . .

Mit jedem Atemzug wirst du etwas ruhiger und entspannter . . . Stell dir nun vor, du verläßt den Raum . . . und betrittst eine Schneelandschaft . . . die ganze Welt ist mit frischem, weißem Pulverschnee bedeckt . . .

Geh ganz langsam einige Schritte über den Schnee . . . spür dabei den Schnee unter deinen Füßen . . . hör das Geräusch deiner Schritte . . . Schritt für Schritt . . . ganz versunken wanderst du so durch eine wunderschöne Winterlandschaft . . .

Du siehst Spuren von Tieren im Schnee . . . der Weg führt dich vorbei an schneebeladenen Bäumen, weißglänzenden Tannen . . .
an einem zugefrorenen See . . . du atmest die klare kühle Winterluft und fühlst dich wohl . . .
um dich herum ist Ruhe und Stille . . .

Du bist nun schon sehr lange unterwegs . . . du spürst, daß du vom Wandern müde geworden bist . . . deine Glieder sind ganz schwer . . . da siehst du eine Bank am Wegesrand . . . du machst es dir auf der Bank bequem . . . du schaust dir die weiße Landschaft aus dieser Perspektive an . . . du spürst die Stille der Umgebung . . . diese Ruhe ist auch in dir . . .

Weit, weit weg hörst du Glocken einer Kirche . . . das Läuten ist beruhigend, du lauschst intensiv hin . . . dein Atem geht ganz ruhig und gleichmäßig . . . du bist ganz entspannt, gelöst und ruhig . . . du fühlst dich wohl in deiner Haut . . .

Nimm dieses Wohlgefühl noch einmal ganz bewußt wahr und behalte es dir in Erinnerung, wenn du jetzt wieder hier in den Raum zurückkehrst . . . bewege sachte deine Handgelenke . . . deine Fußgelenke . . . nimm einen tiefen Atemzug und recke dabei deine Arme und Beine . . . dehn dich und gähne herzhaft dabei . . . öffne nun wieder deine Augen.

Claudia Peters

Knusperhäuschen für Kreative

Es gibt keine schnellere Art, zu Ihrem Traumhaus zu kommen, als es einfach selbst zu bauen. Ohne Kredit, dafür aber mit viel Kreativität. Was Sie sonst noch dafür brauchen? Eine große Portion Lebkuchen. Lust an der Sache, ausreichend Zuckerguß, Ihre allerliebsten süßen Sachen – und natürlich einen Bauplan. Wählen Sie einen einfallsreichen Weg zum süßen Eigenheim, und schreiben Sie einen Wettbewerb für große und kleine Architekten in Ihrer Familie aus. Einzige Bedingung: die Architekten müssen auch die Schablonen für die Grundbauteile liefern. Dazu gehören bei einem Knusperhaus mindestens eine Bodenplatte, je eine Vorder- und Rückseite, zwei Seitenwände, zwei Dachplatten und die Einzelteile für den Schornstein.

Zutaten: 500 g Honig, 250 g Zucker, 250 g Pflanzenfett, 50 g Kakao, 10 g Zimt, 10 g Kardamom, 5 g gemahlene Nelken, 1 kg Mehl, 2 Eier, 10 g Pottasche und 2 Eßlöffel Rosenwasser (aus der Apotheke). Für den Zuckerguß benötigen Sie 3 Eiweiß und ca. 750 g Puderzucker

Zubereitung: Erwärmen Sie Honig und Zucker bei schwacher Hitze, und lassen Sie die Masse kochen, bis sich der Zucker ganz aufgelöst hat. Anschließend heben Sie den Kakao und die Gewürze unter und lassen das Ganze abkühlen. Jetzt verkneten Sie die abgekühlte Honigmasse mit dem Mehl, den Eiern und der mit dem Rosenwasser angerührten Pottasche zu einem glatten Teig. Den Teig packen Sie in Alufolie und legen ihn für 1 bis 2 Tage in den Kühlschrank. Bevor Sie den gekühlten Teig weiterverarbeiten, sollten Sie ihn kurz noch einmal durchkneten und dann ca. 1/2 cm dick ausrollen, nach den Schablonen ausschneiden und im vorgeheizten Ofen bei 200 Grad etwa 15 Minuten abbacken. Wenn Sie mögen, können Sie schon den ungebackenen Teig mit Mandelhälften und Nüssen verzieren. Selbstverständlich können Sie die aber auch zusammen mit den anderen Süßigkeiten erst nach dem Backen aufbringen.

Wenn Sie die Grundteile Ihres Lebkuchenhauses erst nach dem Backen ausschneiden wollen, müssen Sie sich beeilen. Lebkuchen sollte möglichst warm geschnitten werden. Am besten schneidet man dann mit einem spitzen Küchenmesser an den Umrissen der Schablone entlang.

Für den Zuckerguß schlagen Sie die Eiweiße steif und heben dann den Puderzucker unter. Aber Vorsicht: Zuckerguß trocknet sehr schnell. Füllen Sie deshalb nur einen kleinen Teil in einen Spritzbeutel und bewahren Sie den Rest in einem verschlossenen Gefäß auf.

Streichen Sie zunächst eine Kante der Vorderwand mit Zuckerguß ein und verkleben Sie diese mit einer Seitenwand, dann kleben Sie die Rückseite und zweite Seitenwand an. Jetzt kleben Sie den Rohbau auf die Bodenplatte und lassen die ganze Konstruktion über Nacht trocknen. Wenn Sie die Fenster von innen mit Blattgelatine verschließen wollen, müssen Sie das tun, bevor Sie die beiden Dachhälften aufkleben. Achten Sie darauf, daß die erste Dachhälfte sicher klebt, ehe Sie die zweite aufsetzen. Zuletzt werden der Schornstein montiert und die Zwischenräume mit Zuckerguß verschlossen. Eiszapfen erhält man, indem man den Spritzsack mit dem Zuckerguß vom Giebel beginnend über die Kante nach unten führt. Verzieren Sie nun Ihr Traumhaus je nach Geschmack mit Mandelhälften, Bonbons, Lakritzen, Smarties, Plätzchen oder Pralinen. Ihren Gestaltungsmöglichkeiten sind keine Grenzen gesetzt.

Natürlich können auch noch andere Lebkuchenträume wahr werden. Vielleicht mögen Sie lieber Weihnachtsmänner backen. Fertigen Sie sich vorher einfach eine entsprechende Schablone an. Zum Verzieren eignen sich Zuckerstreusel, Zuckerperlen, Schokoladenstreusel und vieles mehr, was eßbar ist. Farbige Zuckerglasur kann man leicht selber herstellen. Tönen Sie die weiße Spritzglasur einfach mit roter, grüner, blauer oder gelber Speisefarbe ab.

101

Das Weihnachtspäckchen

Ich hab' mein Weihnachtspäckchen
für dich in einem Eckchen
so gut versteckt.
So wird mein Weihnachtspäckchen
bestimmt in diesem Eckchen
auch nicht entdeckt.

Ich hab' mein Weihnachtspäckchen
für dich in einem Eckchen
so gut versteckt.
Ich steckt' es in ein Säckchen.
So wird mein Weihnachtspäckchen
bestimmt in dem Versteckchen
auch nicht entdeckt.

Ich hab' mein Weihnachtspäckchen
für dich in einem Eckchen
so gut versteckt.
Ich wickelt's in ein Deckchen
und steckt' es in ein Säckchen.
So wird mein Weihnachtspäckchen
bestimmt in dem Versteckchen
auch nicht entdeckt.

Nun krieg' ich doch ein Schreckchen!
Ich hab' dein Weihnachtspäckchen
zu gut versteckt.
Ich wickelt's in ein Deckchen
und steckt' es in ein Säckchen.
Ich such' dein Weihnachtspäckchen,
ich such' in jedem Eckchen
und habe das Versteckchen
nicht mehr entdeckt.

Rolf Krenzer

Geschenke ...

Geschenke bereiten doppelt soviel Freude, wenn sie pfiffig verpackt sind. Vielleicht geht dem, der das Geschenk am Heiligen Abend auspackt, mehr auf als nur die Schleifen. Vielleicht entdeckt er, was sich unter der Verpackung an Mühe und Aufmerksamkeit verbirgt.

Ein Geschenk zum Beispiel, auf dem der Name steht, freut nicht nur Kinder riesig. Ein zusätzlicher Schmuck aus Luftballons verstärkt die Freude noch. Es ist ganz einfach. Auf die Oberseite des Päckchens schreibt man mit Klebestift den Namen und streut Glimmer darüber. Mit Aufklebern und dem breiten Band, das seitlich um das Päckchen geschlungen und vorne verknotet wird, läßt sich das Geschenk weiterverzieren.

... ganz persönlich

Mit kleinen Anhängerkärtchen aus Tonkarten und Buntpapier können Sie auch mit einfachem Papier verpackte Geschenke individuell gestalten – vor allem, wenn Sie die Kärtchen mit einem besonders schönen niederländischen Brauch verbinden: zu jedem Geschenk wird ein Gedicht für den gemacht, der es bekommt. Das braucht etwas Zeit, macht Ihre Geschenke aber unverwechselbar.

103

Phantasievolle Verpackungen ...

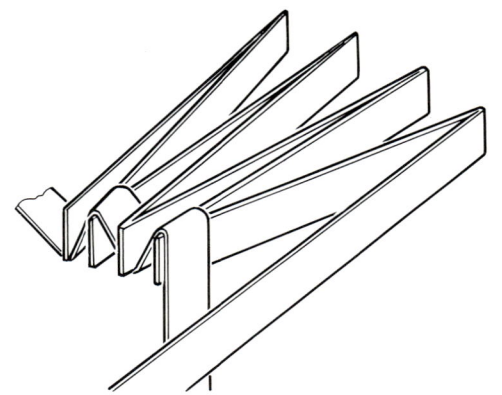

Luftschlangensterne sind ausgefallene Geschenkdekorationen der seltenen Art. Sie brauchen dazu nur ein wenig Fingerspitzengefühl, breite Papierluftschlangen und Klebstoff.

Kleben Sie zwei Luftschlangen kreuzförmig im rechten Winkel aufeinander. Knicken Sie dann die beiden Streifen nach Art einer „Hexentreppe" wechselweise übereinander. Lassen Sie dabei ein Papierband immer länger überstehen, z.B. beim Stern links oben 6 cm. So erhalten Sie die Sternspitzen. Das andere Band wird im Sternkern zur Stabilisierung nur streifenbreit umgeschlagen. Die Spitzen des Sterns unten sind in regelmäßigem Wechsel einmal länger, einmal kürzer gehalten (4 und 5 cm). Nachdem beide Enden zusammengeklebt sind, knicken Sie die einzelnen Sternspitzen in einem Winkel von ca. 45 Grad nach einer Seite um, öffnen die Falte wieder und drücken die entstandenen Falzlinien nach innen.

Eine andere Variante: Formen Sie den Anfang der Luftschlange zu einer spitzen Tüte, und kleben Sie diese fest. Nach einigen Zentimetern formen und fixieren Sie wieder eine Tüte, dann noch einmal, so daß eine dreieckige Grundfigur entsteht, der fortlaufende Streifen liegt immer unten. Um diese drei Tüten formen Sie weitere Spitzen, bis der Stern groß genug ist. Das Bandende kleben Sie an der Unterseite fest. Fertig ist die ungewöhnliche Geschenkdekoration, die sich natürlich auch hervorragend als Christbaumschmuck eignet.

... aus Papierluftschlangen

Das macht Ihnen so schnell keiner nach. Die farbenfrohen Sterne verleihen Ihren Geschenken eine ganz besondere Note. Eine Verpackungsidee – fröhlich, frech und feierlich zugleich.

105

Der Umwelt zuliebe –
Packpapier bemalen und bedrucken

Gestalten Sie doch einmal Ihr eigenes Geschenkpapier. Das ist eine echte Herausforderung für alle Verpackungskünstler gleich welchen Alters. Mit einer Handvoll Ideen und den einfachsten Mitteln können Sie wirklich überraschende Ergebnisse erzielen.

Das leicht gerillte Packpapier rechts oben ist mit Deckfarben bemalt. Die Farbe wurde dabei mit einem dicken Pinsel kreuz und quer aufgetragen. Das Papier links oben und das Papier am unteren Bildrand sind mit Farbstiften gestaltet. Die Motive des ersten entstanden mit Hilfe von Ausstechförmchen, die als Schablonen verwendet wurden. Die Muster des unteren Papiers sind mit freier Hand aufgemalt. Die weiße Rauhfasertapete ist mit bunten Wachsmalstiften bemalt, die beiden übrigen Bogen mit Fingerfarben bedruckt. Die Blätter wurden direkt als Druckstock benutzt. Für die Herzen wurde ein Kartoffelstempel hergestellt.

106

Es muß nicht unbedingt Goldfolie sein. Schön gestaltete Verpackungen aus Umweltpapier wirken oft wesentlich origineller und individueller.

Die Kupfermünze

Einmal hatte ich eine Zeitlang in China gelebt. Ich war im Frühling in Shanghai angekommen, und die Hitze war mörderisch. Die Kanäle stanken zum Himmel, und immer war der ranzige, üble Geruch von Sojabohnenöl in der Luft. Ich konnte und konnte mich nicht eingewöhnen. Neben Wolkenkratzern lagen Lehmhütten, vor denen nackte Kinder im Schmutz spielten. Nachts zirpten die Zikaden im Garten und ließen mich nicht schlafen. Im Herbst kam der Taifun, und der Regen stand wie eine gläserne Wand vor den Fenstern. Ich hatte Heimweh nach Europa. Da war niemand, mit dem ich befreundet war und der darum sich kümmerte, wie mir zumute war. Ich kam mir ganz verloren vor in diesem Meer von fremden gelben Gesichtern. Und dann kam Weihnachten. Ich wohnte bei Europäern, die chinesische Diener hatten. Der oberste von ihnen war der Koch, Ta-tse-fu, der große Herr der Küche. Er radebrechte deutsch und war der Dolmetscher zwischen mir und dem Zimmer-Kuli, dem Ofen-Kuli, dem Wäsche-Kuli und was es da eben sonst noch an Dienerschaft im Haus gab. Am Heiligen Abend, und ich saß wieder einmal verheult in meinem Zimmer, überreichte mir der Ta-tse-fu ein Geschenk.

Es war eine chinesische Kupfermünze mit einem Loch in der Mitte, und durch das Loch waren viele bunte Wollfäden gezogen und dann zu einem Zopf zusammengeflochten. „Ein sehr altes Münze", sagte der Koch feierlich. „Und die Wollfäden gehört auch dir, Wollfäden sind von mir und meine Frau und vom Zimmer-Kuli und sein Schwester und von Eltern und Brüder von Ofen-Kuli – von uns allen sind Wollfäden."

Ich bedankte mich sehr. Es war ein merkwürdiges Geschenk – und noch viel merkwürdiger, als ich zuerst dachte. Denn als ich die Münze mit ihrem bunten Wollzopf einem Bekannten zeigte, der seit Jahrzehnten in China lebte, erklärte er mir, was es damit für eine Bewandtnis hatte: Jeder Wollfaden war eine Stunde des Glücks. Der Koch war zu seinen Freunden gegangen und hatte sie gefragt: „Willst du von dem Glück, das dir für dein Leben vorausbestimmt ist, eine Stunde des Glücks abtreten?" Und Ofen-Kuli und Zimmer-Kuli und Wäsche-Kuli und ihre Verwandten hatten für mich, für die fremde Europäerin, einen Wollfaden gegeben, als Zeichen, daß sie mir von ihrem eigenen Glück eine Stunde des Glücks schenkten. Es war ein großes Opfer, das sie brachten. Denn wenn sie auch bereit waren, auf eine Stunde ihres Glücks zu meinen Gunsten zu verzichten – es lag nicht in ihrer Macht, zu bestimmen, welche Stunde aus ihrem Leben es sein würde. Das Schicksal würde entscheiden, ob sie die Glücksstunde abtraten, in der ihnen ein reicher Verwandter sein Hab und Gut verschrieben hätte, oder ob es nur eine der vielen Stunden sein würde, in der sie glücklich bei Reiswein saßen; ob sie die Glücksstunde wegschenkten, in der das Auto, das sie sonst überfahren hätte, noch rechtzeitig bremste – oder die Stunde, in der das junge Mädchen vermählt worden wäre.

Blindlings und doch mit weit offenen Augen machten sie mir, der Fremden, einen Teil ihres Lebens zum Geschenk.

Nun ja, die Chinesen sind abergläubisch. Aber ich habe nie wieder ein Weihnachtsgeschenk bekommen, das sich mit diesem hätte vergleichen lassen. Von diesem Tag an habe ich mich in China zu Hause gefühlt. Und die Münze mit dem bunten Wollzopf hat mich jahrelang begleitet.

Eines Tages lernte ich jemanden kennen, der war noch übler dran als ich damals in Shanghai. Und da habe ich einen Wollfaden genommen, ihn zu den anderen Fäden dazugeknüpft – und habe die Münze weitergegeben.

Joe Lederer

Weihnachten *oder*

Wie Menschlichkeit Hand und Fuß bekommt

Wendezeit Weihnachten

Weihnachten steht unmittelbar vor der Tür. Es ist, als ob dieses Fest die natürliche Kraft hätte, die Welt zu verwandeln. Das wird schon rein äußerlich sichtbar: Christbäume werden geschmückt, Krippen aufgebaut, die Häuser und Wohnungen festlich hergerichtet. Mit einemmal erscheint unser Leben in einem neuen Licht: Kinder geraten in den Mittelpunkt der Erwachsenenwelt. Trotz millionenfacher Tränen singen wir Lieder von der Liebe, die das Leid besiegt. Kühle Rechner verlieren an An-

ziehungskraft gegenüber warmherziger Großzügigkeit, und selbst hartgesottene Herzen werden weich.

Weihnachten ist eine Wendezeit. Daß wir Weihnachten zum Beispiel zur Zeit der Wintersonnenwende feiern, ist alles andere als ein Zufall. Es liegt in der Natur der Sache. Seit Menschengedenken sind diese dunklen Tage den Lichtgöttern gewidmet und der Sonne, auf deren Wiederkehr man für das neue Jahr hofft. So feierten die Römer am 25. Dezember ihren Reichsfeiertag „Natalis Solis Invicti", die Geburt der unbesiegbaren Sonne. Zwischen den Jahren 325 und 336 stellt das Christentum diesem Brauchtum gezielt sein Weihnachtsfest gegenüber. Jetzt geht es aber nicht mehr nur um die neue Geburt der Sonne. Jetzt geht es um die Wendezeit der Welt schlechthin. Denn in Betlehem wurde nicht irgendein Lichtgott geboren, sondern das Licht der Welt selber.

Wendezeiten verunsichern. Gewohnte Ordnungen sind in Frage gestellt. Es macht Angst, das Alte sterben zu sehen, während das Neue gerade erst geboren wird. Vielleicht liegt es vor allem daran, daß sich die Menschen schon seit Urzeiten zur Wintersonnenwende immergrüne Bäume und Zweige ins Haus holten. Sie dienten zur Abwehr von Winterdämonen, die während dieser Nächte ihr Unwesen trieben, und – mit ausgeblasenen Eiern geschmückt – als Symbol für Fruchtbarkeit, Wachstum und ewig währendes Leben. Der christliche Weihnachtsbaum knüpft an diese Bräuche an – deutet sie aber neu. In der Zeit des Umbruchs, in der die Welt neu wird, ist der immergrüne Baum das Symbol für die Treue Gottes, dessen Lebensfreundlichkeit sich durch nichts beirren läßt.

Weihnachten ist eine Wendezeit – eine Wendezeit auch zu einem neuen Bewußtsein. Denn mit Weihnachten bringt sich Gott selbst ins Spiel unseres Lebens und zeigt, wie Menschlichkeit Hand und Fuß bekommt ...

Morgen, Kinder, wird's was geben

Text: Mündlich überliefert (1795).
Melodie: Karl Gottlieb Hering (1808)

1. Mor-gen, Kin-der, wird's was ge-ben, mor-gen wer-den wir uns freun!
   Welch ein Ju-bel, welch ein Le-ben wird in un-serm Hau-se sein!

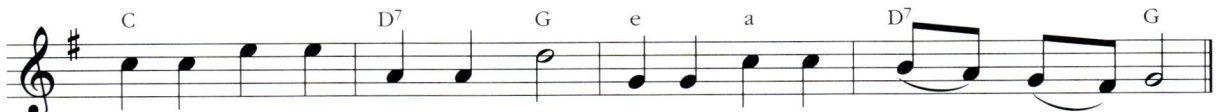

Ein-mal wer-den wir noch wach, hei-ßa, dann ist Weih - nachts-tag!

2. Wie wird dann die Stube glänzen
von der großen Lichterzahl!
Schöner als bei frohen Tänzen
ein geputzter Kronensaal.
Wißt ihr noch, wie vor'ges Jahr
es am Heil'gen Abend war?

3. Wißt ihr noch die Spiele, Bücher
und das schöne Hottepferd,
schönste Kleider, wollne Tücher,
Puppenstube, Puppenherd?
Morgen strahlt der Kerzen Schein,
morgen werden wir uns freun!

Weihnachten ist nicht mehr weit

Text: Rolf Krenzer. Melodie: Detlev Jöcker
aus: Liedheft + MC Weihnachten ist nicht mehr weit.
© Menschenkinder Verlag, 48157 Münster (gekürzt)

1. Dik-ke ro-te Ker-zen, Tan-nen-zwei-gen-duft,
und ein Hauch von Heim-lich-kei-ten liegt jetzt in der Luft.
Und das Herz wird weit. Macht euch jetzt be-reit: Bis
Weih-nach-ten, bis Weih-nach-ten ist nicht mehr weit.

2. Lieb verpackte Päckchen
überall versteckt,
und die frisch gebacknen Plätzchen
wurden schon entdeckt.
Heute hat's geschneit!
Macht euch jetzt bereit:
Bis Weihnachten ...

3. Menschen finden wieder
füreinander Zeit.
Und es klingen alte Lieder
durch die Dunkelheit.
Bald ist es so weit!
Macht euch jetzt bereit:
Bis Weihnachten ...

111

Zeichen einer neuen Zeit

Die Nacht war bitterkalt, und die Hirten saßen eng beieinander am Feuer. Keiner sagte ein Wort, aber auf ihren Gesichtern konnte man lesen, wie sehr sie die Begegnung mit Jesus, dem kindlichen König in der Krippe, berührt hatte. Seine Geburt in dem ärmlichen Stall war etwas so Großes für sie, daß ihnen alle Worte fehlten. Nachdem sie lange so dagesessen hatten, brach der Älteste von ihnen das Schweigen: „Wißt ihr, ich habe schon oft in solch einer kalten Nacht gewacht und den Sternen zugesehen. Mitten in der Finsternis sind sie wie kleine Fenster, durch die das geheimnisvolle Licht des Himmels leuchtet. Ich glaube, der kindliche König ist auch so wie ein Stern. Nur ist er es anders, viel wirklicher und tausendmal heller – er ist das Licht selber." Nach diesen Worten schwiegen sie wieder, bis sie auf den Jüngsten in ihrem Kreis aufmerksam wurden. Ganz versunken nestelte der mit seinen Fingern an einem Strohhalm herum.
„Was machst du denn da?"

„Ich habe mir die Halme als Erinnerung aus dem Stall mitgenommen", erklärte der Kleine. „Als wir vorhin an der Krippe waren und die vornehmen Leute aus dem Osten mit Geschenken kamen, wollte auch ich dem kindlichen König etwas schenken. Allein, wir Hirten sind so arm! Als Großvater aber eben von den Sternen erzählte, habe ich begonnen aus diesen Halmen einen Stern zu flechten, und den will ich dem Jesus schenken."
Die Hirten fanden dies eine sehr schöne Idee und begleiteten ihren jüngsten Sprößling am kommenden Abend zum Stall. Als sie dort ankamen, war aber niemand mehr da. Darüber wurden sie sehr traurig, bis ihre Trauer von einer geheimnisvollen Macht verwandelt wurde. Mit viel Liebe begannen die Hirten aus dem Stroh der Krippe Sterne zu flechten. Noch in derselben Nacht gingen sie los und verschenkten ihre Strohsterne an die Menschen in Betlehem. „Im Dunkel scheint ein neues Licht. Gott liebt die Menschen", erklärten sie ihre Geschenke. „Er hat seinen Sohn auf die Erde gesandt – ab heute gilt ein neues Gesetz: Liebe soll herrschen statt Macht, Schwäche und Zärtlichkeit statt Kraft und Härte, Verschenken statt Besitzen – und Armut ist mehr als Reichtum."
So wurden in jener Nacht die ersten Strohsterne auf Erden verschenkt zum Zeichen für eine neue Zeit. Wenn dir ein Mensch einmal einen solchen Stern schenkt, behüte ihn wohl, er wurde aus Liebe geflochten – damals in Betlehem wie heute –, und sein Stroh ist unendlich mehr wert als alles Gold der Erde.

Von Weihnachtsschmuck ...

Sterne sind die Klassiker unter den Weihnachtsmotiven. Ob als Christbaumschmuck, Geschenkanhänger, Tisch- oder Fensterdekoration, während der Weihnachtstage haben Sterne Hochsaison. Grund genug für alle Bastler, sich ein paar Sternstunden zu machen. Mit ein wenig Geschick und ein paar Kniffen können Sie sich dann Ihren Weihnachtsbaum ganz nach Ihren Vorstellungen gestalten. Weihnachtsschmuck aus Strohsternen zum Beispiel hat eine lange Tradition, die heute wieder viele Freunde findet.

Sternstunden

113

Wir basteln Strohsterne

Das Basteln von Strohsternen bedarf einiger Vorbereitungen. Suchen Sie zunächst die Halme für Ihr Vorhaben der Stärke und Länge nach aus. Für manche Sterne benötigen Sie gebügelte Halme. Halten Sie den Halm dazu kurz unter fließendes Wasser, so daß er innen und außen naß wird. Damit das Stroh nicht aufquillt, sollte es sofort auf Zeitungspapier flachgebügelt werden. Bügeln Sie immer zuerst die Innenseite und dann die Außenseite. Die verschiedenen Farbnuancen von Naturgelb bis Braun entstehen durch kürzeres oder längeres Bügeln bzw. Aufdrücken und Lockern des Eisens.

Damit das Stroh nicht splittert, schneiden Sie es mit einer scharfen, starken Schere in kräftigen, kurzen Schnitten immer zuerst quer zum Faserverlauf. Beim Ausschneiden besonders feiner Rundungen sollten Sie den flachgebügelten Strohhalm zuvor mit Seidenpapier hinterkleben.

Das Grundelement der meisten Strohsterne besteht aus gekreuzten Halmen. Ehe Sie sich an kompliziertere Sterne wagen, sollten Sie diese Grundform einige Male geübt haben: Schneiden Sie die vorbehandelten Halme auf die gleiche Länge und legen Sie vier Stück zweimal kreuzförmig übereinander. Sie erhalten dann einen 8strahligen Stern. Mit einem Faden geben Sie dem Stern seine Festigkeit. Führen Sie den Faden jeweils über den oberen Halm, unter den unteren Halm, über den oberen Halm usw. Möchten Sie einen 16strahligen Stern basteln, binden Sie einfach zwei 8strahlige Sterne aufeinander. Wenn Sie ein bißchen Übung haben, experimentieren Sie ruhig mit dem Material. Sie werden sich wundern, was da alles rauszuholen ist.

114

Stern mit Sternenkranz ...

Für diesen Stern binden Sie zunächst aus ungebügeltem Stroh die Grundform einander überkreuzender Halme. Die Strahlen schneiden Sie in gleicher Richtung schräg ab. Jeder zweite Strohhalm wird dabei 1 bis 2 cm kürzer geschnitten.

Aus gebügeltem Stroh stellen Sie acht Sterne aus je sechs übereinandergeklebten Halmen her. Alle Enden müssen vorher gleichmäßig zugeschnitten werden. Diese Sterne werden kranzförmig auf die Strahlen der Grundform geklebt.

Die Mitte der Grundform wird mit einem Stern aus dunkelgebügeltem Stroh überdeckt.

... und Sterne mit Bogen

Sterne mit Bogen brauchen zu ihrer Form und Festigkeit einen Grundstern, in den sie eingesteckt und verklebt werden. Die Biegung der einzelnen Teile wird erreicht, indem man die Teile von links über einen scharfen Scherenrand zieht und dabei – je nach Stärke der gewünschten Biegung – etwas andrückt.

Die Grundform der Bogensterne bildet jeweils ein gebundener Stern aus ungebügelten Halmen, in die die Rundbogen eingesteckt und

verklebt werden. Die Bogen können dabei beliebig weit herausgeführt werden und sich auch überschneiden. Als Schmuck und Verdeckung der zusammenlaufenden Teile werden kleine oder größere Schmucksterne oder schmucklose Rundteile gewählt, die durch ihre gleichmäßige Anordnung und ihren ruhigeren Gegensatz zum gezackten Stern die Sternform besonders betonen und erst richtig zur Geltung bringen.

Sterne mit Rundbögen wirken zarter, da der Bogen nicht zu breit sein darf, um in den Halm eingeführt werden zu können. Ihre volle Wirkung entfalten sie vor einem kräftigen, aber farblich ruhigen Hintergrund.

Regenbogensterne: Phantasie in Papier

Material: Regenbogenbuntpapier in Streifen zu 16 x 8 cm, Faltenbreite 2 cm; 20 x 10 cm, Faltenbreite 2,5 cm; 30 x 11 cm, Faltenbreite 2,5 cm

Anleitung: Diese Sterne entstehen aus breiten Papierstreifen, die zunächst ziehharmonika-artig gefaltet werden. Der Zeichnung entspre-chend knicken Sie jede Längsfalte an beiden Seiten nach innen. Falten Sie den zusammen-gelegten Streifen in der Mitte, und öffnen Sie eine Hälfte nach rechts und eine nach links wie bei einem Fächer. Die gegenüberliegen-den Ränder werden zusammengeklebt.

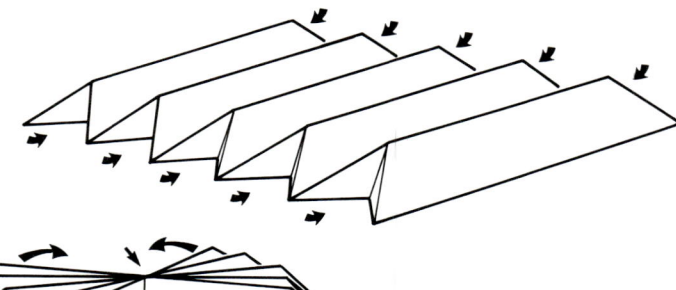

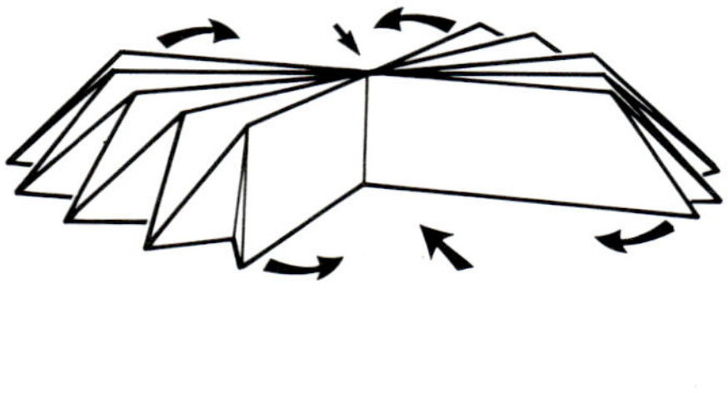

116

Farbenfrohe Fröbelsterne

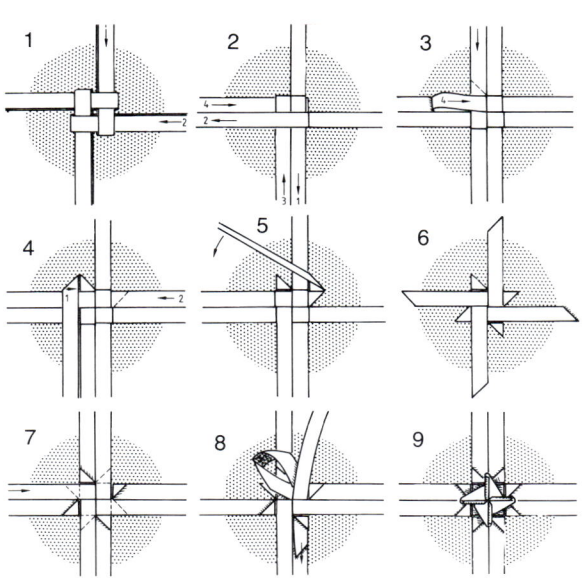

Vier Streifen zur Hälfte falten und ineinanderstecken. Vom rechten oberen Streifenpaar einen Streifen nach vorne falten, vom rechten, seitlich liegenden Streifenpaar einen darüber. Im Uhrzeigersinn mit den übrigen Streifen ebenso verfahren. Den letzten Streifen unter dem zuerst gefalteten durchstecken und festziehen.

Oben links beginnend den jeweils hinter einer Schnittkante liegenden Streifen im Winkel von 45 Grad nach hinten falten und anschließend nach vorne, so daß sich ein „Dach" bildet. Ca. 1 mm Zwischenraum freilassen. Das Streifenende hinter der Schnittkante des von links nach rechts laufenden Streifens durchstecken. Im Uhrzeigersinn fortfahren. Auf der Rückseite ebenso verfahren.

Den nach links außen zeigenden Streifen rückwärts nach rechts biegen und „um die Ecke" hinter dem nächsten nach rechts oben zeigenden Streifen durchstecken. Im Uhrzeigersinn auf beiden Sternseiten fortfahren. Die herausstehenden Streifen bündig abschneiden.

Die Fröbelsterne werden aus vier Streifen Papier bzw. Ramieband von gleicher Länge und Breite angefertigt. Grundsätzlich gilt, daß ein Streifen 30mal länger als breit sein muß.

... und Weihnachtsbäumen

117

O Tannenbaum

Text: August Zarnack und Ernst Anschütz 1820/24. Melodie: 18. Jh.

1. O Tan-nen-baum, o Tan-nen-baum, wie grün sind dei-ne Blät-ter! Du

grünst nicht nur zur Som-mer-zeit, nein, auch im Win-ter, wenn es schneit. O

Tan-nen-baum, o Tan-nen-baum, wie grün sind dei-ne Blät-ter!

2. O Tannenbaum, o Tannenbaum,
du kannst mir sehr gefallen.
Wie oft hat doch zur Weihnachtszeit
ein Baum von dir mich hoch erfreut.
O Tannenbaum, o Tannenbaum,
du kannst mir sehr gefallen.

3. O Tannenbaum, o Tannenbaum,
dein Kleid will mich was lehren:
Die Hoffnung und Beständigkeit
gibt Trost und Kraft zu jeder Zeit.
O Tannenbaum, o Tannenbaum,
dein Kleid will mich was lehren.

Am Weihnachtsbaum die Lichter brennen

*Text: Hermann Klettke (1841).
Musik: traditionell (19. Jh.)*

1. Am Weih-nachts-baum die Lich-ter bren-nen, wie glänzt er

fest-lich, lieb und mild, als spräch' er: „Wollt in mir er-

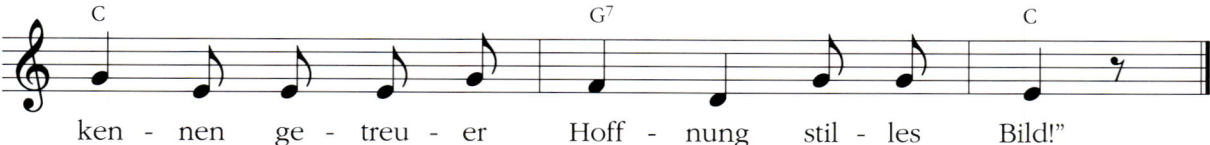

ken-nen ge-treu-er Hoff-nung stil-les Bild!"

118

2. Die Kinder stehn mit hellen Blicken,
das Auge lacht, es lacht das Herz;
o fröhlich seliges Entzücken!
Die Alten schauen himmelwärts.

Der erste Weihnachtsbaum

Es ist jetzt etwa 400 Jahre her, daß einige Kinder im Elsaß, im heutigen Frankreich, den ersten Weihnachtsbaum erfanden. Und das kam so. Die Kinder sollten zu Weihnachten das damals übliche Paradiesspiel aufführen. Solche Spiele erzählten die ganze Geschichte Gottes mit den Menschen, angefangen bei Adam und Eva über Jesus von Nazaret bis hin zum alltäglichen Leben von Menschen wie du und ich. Natürlich wollten die Kinder das Spiel so wirklichkeitsnah wie möglich machen. Für das Paradies brauchten sie deshalb den Baum des Lebens. Wo aber sollten sie mitten im Winter einen grünen Baum hernehmen? Grün waren jetzt nur die Nadelbäume. Also schlugen sie eine Tanne und schafften sie in die Kirche.

Die Proben begannen. Um die Geschichte von Adam und Eva aber richtig spielen zu können, reichte die Tanne leider nicht aus. Oder habt ihr schon einmal eine Tanne gesehen, die Äpfel trug? Jetzt war guter Rat teuer. Die Kinder erwogen diese und jene Möglichkeit, bis schließlich ein kleines Mädchen die rettende Idee hatte: „Wir können doch einfach Äpfel in den Baum hängen!" Gesagt, getan – und schon schmückten verführerisch rote Äpfel den Tannenbaum.

Dann kamen sie zu der Stelle, an der Gott zur Welt kommt und in Betlehem als Licht des Lebens erscheint. Auch das wollten die Kinder mit dem Baum darstellen. Wie sie das taten? Richtig, sie steckten dem Tannenbaum Kerzen auf und ließen ihn so in hellem Lichterglanz erstrahlen.

Jetzt brauchte ihr Weihnachtsspiel noch einen gebührenden Abschluß. Die Kinder berieten sich lange. Dann hatten sie folgenden Einfall: „Das sind nicht einfach alte Geschichten", würden sie ihr Spiel zusammenfassen. „Alle, Große und Kleine, werden durch die Begegnung mit Gott zu neuen Menschen. In der Kommunion während der Meßfeier wird das ganz deutlich." Zum Zeichen dafür nahmen die Kinder Oblaten, wie sie während der Messe als Hostien verwendet wurden, und hängten sie in den Baum. Später einmal würden diese Hostien durch gebackene Brotkringel ersetzt werden. Sie sollten sagen, daß der Baum des Lebens alle satt machen würde.

So wurde vor langer Zeit der erste Weihnachtsbaum aufgestellt. Bis heute schmücken die Christbäume unsere weihnachtlichen Wohnzimmer und Kirchen. Und wenn die Kerzen in geheimnisvollem Glanz aufleuchten, wird die Welt ein wenig verzaubert, damit wir nie vergessen, daß das Leben nicht tot zu kriegen ist und das Paradies uns näher ist, als wir glauben.

Tannengeflüster

Wenn die ersten Fröste knistern
in dem Wald bei Bayrisch-Moos,
geht ein Wispern und ein Flüstern
in den Tannenbäumen los,
ein Gekicher und Gesumm
ringsherum.

Eine Tanne lernt Gedichte,
eine Lärche hört ihr zu.
Eine dicke, alte Fichte
sagt verdrießlich: Gebt doch Ruh!
Kerzenlicht und Weihnachtszeit
sind noch weit!

Vierundzwanzig lange Tage
wird gekräuselt und gestutzt
und das Wäldchen ohne Frage
wunderhübsch herausgeputzt.
Wer noch fragt: Wieso? Warum?
der ist dumm.

Was das Flüstern hier bedeutet,
weiß man selbst im Spatzennest:
jeder Tannenbaum bereitet
sich nun vor aufs Weihnachtsfest.
Denn ein Weihnachtsbaum zu sein:
das ist fein!

James Krüss

Der letzte Weihnachtsbaum

Auf dem Weihnachtsmarkt hatten viele Weihnachtsbäume gestanden, große und kleine, teure und ganz teure. Alle Weihnachtsbäume hatte der Händler verkaufen können. Nur ein einziges Bäumchen war übriggeblieben. Es war ein wenig windschief gewachsen und auch recht klein. Gar mancher hatte es prüfend in die Hand genommen, es dann wieder hingestellt. Und ein Mann hatte sogar gesagt: „Nein, es ist wirklich zu mickrig!"

Als der Weihnachtsbaumverkäufer am Abend seine Sachen zusammenpackte, überlegte er, ob er das Bäumchen mitnehmen sollte. „Ach was!" sagte er dann und ließ es einfach an der Mauer stehen. Er setzte sich in seinen großen Lastwagen und fuhr davon, ohne sich auch nur noch einmal nach dem armseligen Weihnachtsbäumchen umzusehen.

Der Marktplatz wurde immer leerer. Es wurde immer dunkler. Dann begann es zu schneien. Doch die weißen Schneeflocken verwandelten sich auf dem Pflaster des Marktplatzes schnell in schmutziges Wasser. So stand das Bäumchen bis tief in die Nacht allein auf dem Marktplatz herum, scheu an die Wand gedrückt und von keinem beachtet. Zwei Tage und zwei Nächte stand das Bäumchen dort. Dann war Heiliger Abend.

Überall in den Wohnungen wurden die Weihnachtsbäume geschmückt. Als es dann dunkler wurde, erstrahlten die Kerzen. Und die Erwachsenen und die Kinder sangen so laut und fröhlich ihre Weihnachtslieder, daß man es bis unten auf dem Marktplatz hören konnte. In dieser Nacht drückte sich auch der alte Henry durch die Straßen. Der alte Henry war ein Pennbruder, der keinen Menschen auf der Welt hatte, bei dem er Weihnachten feiern konnte. Im letzten Jahr war er zu einer Weih-

nachtsfeier eingeladen worden. Es hatte Plätzchen und Kuchen gegeben. Aber all die rührseligen Worte, die er dort gehört hatte, hatten ihm nicht gefallen. Er war nur noch trauriger davon geworden. Deshalb wollte er dieses Jahr lieber ganz allein bleiben. Als er das armselige Bäumchen in der dunklen Marktecke erblickte, blieb er verwundert stehen. „Du siehst ja ganz schön mitgenommen aus!" brummte er in seinen Bart. Er packte das Bäumchen, hob es vorsichtig hoch, betrachtete es von allen Seiten und stellte es dann ganz behutsam wieder auf seinen Platz zurück. Er seufzte einmal tief und wollte weitergehen. Doch dann blieb er wieder stehen, beugte sich erneut zu dem Bäumchen hinunter und hob es zu sich herauf. Er nahm es in seinen Arm und ging schnellen Schrittes durch die Nacht.

Nahe am großen Fluß stand eine alte Baracke. Dort schlief der alte Henry manchmal. Dort traf er auch manchmal seinen Kumpel, den Klamotten-Camillo. Der wohnte nämlich dort. Als sich der alte Henry der Baracke näherte, sah er, daß dort Licht brannte. „Ich bin's, der Henry!" sagte er, als er an der schäbigen Tür anklopfte. „Komm herein!" tönte es aus der Baracke. „Ich habe mir schon gedacht, daß wir uns heute noch treffen!" – „Willst du mit mir essen?" fragte der Klamotten-Camillo und reichte dem alten Henry ein Stück Brot und eine Wurst herüber. Doch der alte Henry suchte zuerst so lange in dem Raum herum, bis er zwei alte Kerzenstummel gefunden hatte. Mit etwas Draht befestigte er die Kerzen an dem Bäumchen. Dann stellte er den Weihnachtsbaum in eine leere Kaffeekanne und zündete mit einem Streichholz beide Kerzen an.

„Mensch, du bist einer!" flüsterte der Klamotten-Camillo und knipste das Licht aus. Und dann hockten die beiden alten Männer vor dem Weihnachtsbäumchen in der schäbigen Kaffekanne. Sie redeten nichts. Sie sangen keine Weihnachtslieder. Sie schauten nur das Bäumchen mit den beiden brennenden Kerzen

an. Sie saßen ganz eng beieinander und erfuhren, daß Weihnachten war. Als die Kerzen ganz niedergebrannt waren, räusperte sich der Klamotten-Camillo und sagte: „Jetzt iß aber endlich was! Schließlich gibt es solche Wurst bei mir nicht alle Tage!" Aber es dauerte noch lange, bis sie das elektrische Licht wieder anknipsten.

Rolf Krenzer

121

Erfüllen Sie sich Ihren Traum von einem Weihnachtsbaum!

Material: Für die Schleifen benötigen Sie 3,5 cm breites Notenband, 5 cm breites bordeauxfarbenes Moiréband, 1 cm breites Goldfolienband mit Drahteinlage, für die Notenröllchen Urkundenpapier (sog. „Elefantenhaut"), rote Ilexbeeren, grünes Erikamoos, grünen Myrtendraht, kleine Musikinstrumente, Klebstoff sowie 1 cm breites Goldfolienband mit Drahteinlage.

Schleifen: Binden Sie je 50 cm Notenband, 55 cm Moiréband und 60 cm Goldfolienband wie folgt zu einfachen Schleifen: Legen Sie zunächst das Band mit der rechten Seite nach außen zu einem „Schal". Dann drücken Sie den hinteren Teil des „Schals" gegen die überkreuzten Bandenden, so daß eine „Brezel" entsteht. Die Schleifenmitte raffen Sie nun etwas zusammen und umwickeln sie zwei- bis dreimal mit Myrtendraht.
Drahten Sie alle drei Schleifen aufeinander, und rollen Sie die Enden des Drahtbandes über einen Bleistift. Die Schleifenenden werden schräg oder spitz zugeschnitten. Für die besonders üppige Schleife an der Spitze des Baumes sind die Bänder je 50 cm länger geschnitten.

Die Instrumente sind mit Schleifen aus Goldfolienband von 35 cm Länge geschmückt.

Für die Notenröllchen fotokopieren Sie ein Weihnachtslied oder beliebige Noten auf ein in DIN-A4-Format geschnittenes Urkundenpapier, schneiden Rechtecke von 11 x 9 cm aus, rollen diese über einen Bleistift oder ein Rundholz und kleben sie am Ende leicht zusammen. Jeweils zwei der Röllchen werden längs etwas versetzt miteinander verklebt. Die Drahtbandschleifchen (25 cm lang) auf den Röllchen werden mit Myrtendraht befestigt und mit Spitzen von Erikamoos und roten Ilexbeeren ausgeschmückt.

Tip: Sollten Sie Ihren Tannenbaum mit echten Kerzen schmücken wollen, achten Sie darauf, ihn nicht in der Nähe von Vorhängen oder anderen leicht entflammbaren Stoffen aufzustellen. In jedem Fall sollte immer ein Eimer Wasser zum Löschen griffbereit stehen. Wenn temperamentvolle Kinder oder Tiere Ihre Wohnung bevölkern, steigen Sie besser gleich auf elektrische Lichterketten um. Das ist sicherer und gibt auch viel Atmosphäre.

Da steckt Musik drin

Kleine Geigen, Blasinstrumente und das schöne Notenband haben zum Schmücken dieses Baumes angeregt. Ergänzt wird die Schmuck-Sinfonie durch die dekorativen Notenröllchen und farblich passenden Pappmaché-Kugeln.

123

Dieser Baum verzichtet auf jeden Glanz und Flitter und läßt nur die warmen Naturfarben wirken. Auch im Winter findet man draußen genügend Zapfen, Früchte und Beeren. Dezenten Glanz geben dunkelgrüne Glaskugeln oder rotbackige Äpfel und kleine mattschimmernde Lebkuchensterne. Schleifen aus rotem Naturfaserband, kleine Federvögel und Bienenwachskerzen runden die Dekoration ab.

Material: Für eine Schleife benötigen Sie jeweils 5 cm breites und 50 cm langes rotes Naturfaserband, 0,5 cm breites und 70 cm langes grünes Veloursband, vier Paar dunkelrote Ilexbeeren, Myrtendraht

Ausführung: Legen Sie aus dem Naturfaserband eine einfache Schleife, aus dem Veloursband eine Doppelschleife mit längeren Enden, und drahten Sie beide Schleifen aufeinander. Bündeln Sie dann die Ilexbeeren, und drehen Sie diese um die Schleifenmitte.

Umwelt pur – natürlich Natur

Kleine Säckchen aus Naturfaserband sind mit Nelken, Ingwer und anderen duftenden Gewürzen gefüllt. Mini-Gewürzsträußchen und Zimtrollenbündel schmücken die Zweige. Vergoldete Nüsse und Ausstechförmchen runden das Bild ab (Anleitung umseitig).

Weihnachtsduft liegt in der Luft

Weihnachtsduftgewürzbaum

Material: 8 cm breites golddurchwirktes, naturfarbenes Naturfaserband, 0,5 cm breites dunkelrotes Veloursband, 1 cm breites goldfarbenes, zartes Schleifenband, Zimtrollen, Golddrahtkordel, Bienenwachsplatte mit Wabenmuster, Bouillondrahtblüten und -nelken, verschiedene kleine Zapfen, Nüsse, Gewürze, künstliche Früchte und Beeren am Draht, grünes Erikamoos, Metallsternchenmischung, kleine goldene Biedermeiermanschetten (äußerer Durchmesser 8 cm), Myrtendraht, Floristenband

Säckchen: 20 cm Naturfaserband an den Enden zu einem schmalen Saum umlegen und verkleben, Band zur Hälfte legen und seitlich zusammenkleben, Gewürze einfüllen. Die Öffnung zubinden und mit Goldblüten und Schleifen verzieren.

Gewürzsträußchen: Aus Schleifen- und Veloursband (je 30 cm) doppelte Schleifen legen und verdrahten. Zapfen, Nüsse, Beeren und Gewürze zu Sträußchen binden. Eine Manschette aufschieben, die Stiele kürzen und mit Floristenband umwickeln.

Für die Zimtbündel je drei Zimtrollen mit Myrtendraht umwickeln, Drahtenden stehen lassen, 50 cm Golddrahtkordel über einen Bleistift zur Spirale rollen und um das Zimtbündel schlingen. Aus der Bienenwachsplatte einen Stern ausstechen und aufkleben. Das Bündel mit Erikamoosspitzen, kleinen Zapfen, Gewürzen und einigen Metallsternchen verzieren.

Ein bunter Weihnachtsspielzeugbaum

Material: Holzfigürchen, kleine rote blankpolierte Äpfel, rote und naturfarbene Holzperlen von 10, 8 und 4 mm Durchmesser, starkes Garn, Myrtendraht, 3 mm breites Band, 3,5 cm breites Band mit Spielzeugaufdruck, roter Bastelfilz, Watte, kleine Schellen, Klebstoff

Holzperlenketten: Die Perlen auf Garn fädeln. Die erste und letzte Perle jeweils gut mit einknoten und die Fadenenden zu Aufhängern knoten.

Holzperlenkringel: Eine Perle auf Myrtendraht ziehen, dann den Draht zusammenfassen, so daß er doppelt liegt. Weitere Perlen gemäß der Abbildung oder nach eigenen Ideen aufziehen. Den Ring schließen und die Drahtenden zur Aufhängeröse formen.

Filzherzen: Die Herzform auf den Filz übertragen. Den Filz doppelt legen und mit einer Zackenschere ausschneiden. Die Ränder können Sie zusammenkleben oder -nähen. Oben eine kleine Öffnung lassen, Aufhängerbändchen anbringen und etwas Watte hineinstopfen. Eine Perlenverzierung nach eigener Phantasie anbringen und die Öffnung schließen.

Schleifen: Binden Sie aus jeweils 40 cm Schmuckband eine einfache Schleife. Auf die Drahtenden eine Schelle und Holzperle ziehen, etwas nach hinten verdrehen und als Befestigung für den Baum stehen lassen.

Für die Schellengirlanden und -bündel kleine Schellen in gleichmäßigen Abständen auf 3 mm breites rotes Satinband binden und die Bandenden zu Schlaufen verknoten. Jeweils drei Schellen zusammenbringen und mit Schleife und Aufhänger versehen.

Das Erzgebirge gilt als das Weihnachtsland schlechthin. Seit Generationen entsteht hier reizender, farbenfroher Christbaumschmuck, die Grundlage für diesen stimmungsvollen Weihnachtsspielzeug-baum.

127

Wie der alte Weihnachtsstern auf dem Müll landete

Ein kleiner Junge fand in einer Schachtel unter allerlei Kram einen silbernen Stern. „Was ist das, Mutter?"

„Es ist ein Weihnachtsstern!"

„Ein was?" fragte das Kind.

„Etwas von früher, von einem Fest."

„Was war das für ein Fest?" wollte der Junge wissen.

„Ein langweiliges", sagte die Mutter schnell, „die ganze Familie stand um einen Baum herum und sang Lieder – oder die Lieder kamen aus dem Fernsehen."

„Wieso um einen Baum?" fragte der kleine Junge, „der wächst doch nicht im Zimmer!"

„Es war eine Tanne, die man mit brennenden Lichtern und bunten Kugeln behing. Und an der Spitze des Baumes befestigte man den Stern. Er sollte an den Stern erinnern, dem die Hirten und die anderen Leute nachgegangen sind, bis sie den kleinen Jesus in der Krippe fanden!"

„Wer soll denn das nun wieder sein, der kleine Jesus?" sagte das Kind aufgebracht.

„Das erzähl' ich dir ein andermal." Die Mutter konnte sich nicht mehr so genau erinnern.

„Das muß ein schönes Fest gewesen sein", sagte der Junge nach einer Weile und dachte an den Baum mit den brennenden Lichtern.

„Nein", sagte die Mutter heftig, „es war langweilig. Alle hatten Angst davor und waren froh, wenn es vorüber war." Und damit öffnete sie den Deckel des Müllschluckers und gab ihrem Sohn den Stern in die Hand.

„Sieh einmal", sagte sie, „wie alt er schon ist, wie unansehnlich und vergilbt. Du darfst ihn hinunterwerfen und aufpassen, wie lange du ihn noch siehst."

Und das Kind warf den Stern in die Röhre und lachte, als er verschwand. Die Mutter ging zur Türe, weil es geklingelt hatte, und als sie nach einer ganzen Zeit wiederkam, stand das Kind immer noch über den Müllschlucker gebeugt.

„Ich sehe ihn immer noch", flüsterte es, „er glitzert, er ist immer noch da."

Nach einer Geschichte von Marie Luise Kaschnitz

Der Heilige Abend:

Von Menschlichkeit und Mut

Mach's wie Gott, werde Mensch!

Endlich, der 24. Dezember. Wissen Sie, wer heute Namenstag hat? Wir alle, jeder Mensch. Heute feiern wir mit Adam und Eva den Namenstag der ersten Menschen. Im Grunde feiern wir den Namen „Mensch". Namen sind alles andere als Schall und Rauch. Namen sind wie Samen, aus denen herauswachsen will, was in ihnen angelegt ist. Der Namenstag unserer Ureltern erinnert uns an unsere älteste Aufgabe: Mensch zu werden. Mensch sind wir nämlich nicht schon durch unsere Geburt. Menschsein muß wachsen und reifen, damit es Hand und Fuß bekommt. Mehr noch als der Namenstag von Adam und Eva erinnert das

große Ereignis der Heiligen Nacht daran, die Geburt Jesu. Gott selbst zeigt uns, wie das geht: Mensch werden. Deshalb lautet die Botschaft dieses Tages: Mach's wie Gott, werde Mensch!

Mach's wie Gott, werde Mensch! – so lautet auch die Botschaft eines uralten Brauchs, der unmittelbar mit dem Heiligen Abend verbunden ist: des Krippenbaus. Entscheidende Impulse bekam dieses Brauchtum durch Franz von Assisi, der 1223 in einem Wald nahe der mittelitalienischen Stadt Greccio als erster eine Krippe mit lebenden Figuren gestaltete und so die Aufmerksamkeit auf die Menschlichkeit Jesu richtete. Das Zentrum der Krippenbaukunst liegt noch heute in Süditalien und den Alpenländern Bayern, Österreich, Südtirol, aber auch im Erzgebirge und Böhmerwald. Die Jesuiten entwickelten den Brauch im religionspädagogischen Sinne weiter. Sie ergänzten die Krippendarstellungen um Krippenspiele, in denen die Krippenbilder laufen lernten und die Zuschauer in die Weihnachtsgeschichte verwickelten. Noch heute laden viele Gemeinden am Nachmittag des Heiligen Abends zu einem Kinderkrippenspiel bzw. einem Kindergottesdienst mit Krippenspiel in die Kirche ein.

Mach's wie Gott, werde Mensch – so lautet schließlich die Botschaft der biblischen Weihnachtsgeschichte, in der alles hier Gesagte zusammengefaßt ist. Diese – im wörtlichen Sinne – merkwürdige Geschichte von Gott, der als menschliches Kind geboren wird, um sich für die Menschen einzusetzen und mit Zärtlichkeit und Liebe die Welt zu verändern. Plastischer kann man eigentlich nicht mehr erzählen, was Mut zu menschlichem Menschsein bedeutet: vertrauensvoll, spontan, kreativ, einfühlsam, liebevoll, hilfsbereit und lebenslustig zu werden wie ein Kind. So leicht ist das, und so schwer.

Zu Betlehem geboren

Text: Friedrich Spee 1637.
Melodie: Paris 1599 / Köln 1638

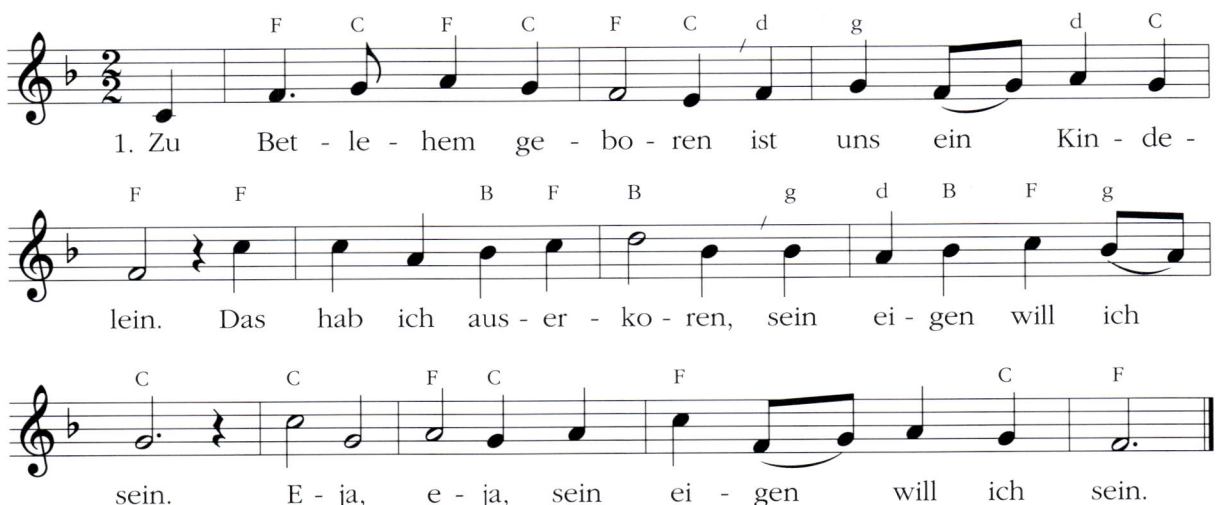

1. Zu Bet - le - hem ge - bo - ren ist uns ein Kin - de -
lein. Das hab ich aus - er - ko - ren, sein ei - gen will ich
sein. E - ja, e - ja, sein ei - gen will ich sein.

2. In seine Lieb versenken
will ich mich ganz hinab;
mein Herz will ich ihm schenken
und alles, was ich hab.
Eja, eja, und alles, was ich hab.

3. O Kindelein, von Herzen
dich will ich lieben sehr
in Freuden und in Schmerzen,
je länger mehr und mehr.
Eja, eja, je länger mehr und mehr.

Ihr Kinderlein, kommet

Text: Christoph von Schmid (1768–1854).
Melodie: Johann Abraham Peter Schulz (1747–1800)

1. Ihr Kin - der - lein, kom - met, o kom - met doch all!
Zur Krip - pe her kom - met in Bet - le - hems Stall.
Und seht, was in die - ser hoch - hei - li - gen
Nacht der Va - ter im Him - mel für Freu - de uns macht.

2. O seht in der Krippe
im nächtlichen Stall,
seht hier bei des Lichtleins
hellglänzendem Strahl
in reinlichen Windeln
das himmlische Kind
viel schöner und holder,
als Engel es sind.

3. Da liegt es, das Kindlein,
auf Heu und auf Stroh;
Maria und Josef
betrachten es froh.
Die redlichen Hirten
knien betend davor;
hoch oben schwebt
jubelnd der Engelein Chor.

131

Ich steh an deiner Krippe hier

Text: Paul Gerhardt 1653.
Melodie: Wittenberg 1529

1. Ich steh an dei-ner Krip-pe hier, o Je-su, du mein Le-ben.
Ich kom-me, bring und schen-ke dir, was du mir hast ge-ge-ben.
Nimm hin, es ist mein Geist und Sinn, Herz, Seel und Mut, nimm al-les hin und laß dir's wohl ge-fal-len.

2. Da ich noch nicht geboren war,
da bist du mir geboren
und hast mich dir zu eigen gar,
eh ich dich kannt, erkoren.
Eh ich durch deine Hand gemacht,
da hast du schon bei dir bedacht,
wie du mein wolltest werden.

3. Ich lag in tiefster Todesnacht,
du warest meine Sonne,
die Sonne, die mir zugebracht
Licht, Leben, Freud und Wonne.
O Sonne, die das werte Licht
des Glaubens in mir zugericht,
wie schön sind deine Strahlen!

4. Ich sehe dich mit Freuden an
und kann nicht satt mich sehen;
und weil ich nun nichts weiter kann,
bleib ich anbetend stehen.
O daß mein Sinn ein Abgrund wär
und meine Seel ein weites Meer,
daß ich dich möchte fassen!

5. O daß doch so ein lieber Stern
soll in der Krippen liegen!
Für edle Kinder großer Herrn
gehören güldne Wiegen.
Ach Heu und Stroh ist viel zu schlecht,
Samt, Seide, Purpur wären recht,
dies Kindlein drauf zu legen.

6. Nehmt weg das Stroh, nehmt weg das Heu!
Ich will mir Blumen holen,
daß meines Heilands Lager sei
auf lieblichen Violen;
mit Rosen, Nelken, Rosmarin
aus schönen Gärten will ich ihn
von oben her bestreuen.

7. Eins aber, hoff' ich, wirst du mir,
mein Heiland, nicht versagen:
daß ich dich möge für und für
in meinem Herzen tragen.
So laß mich dein Kripplein sein;
komm, komm und kehre bei mir ein,
du und all deine Freuden.

Die Legende von der ersten Weihnachtskrippe

Weihnachten 1223. Ein merkwürdiger Zug verläßt die kleine italienische Stadt Greccio. Die Mitternachtsmette ist gerade vorüber. Im leckenden Licht von rauchenden Pechfackeln und Kerzen ziehen Männer und Frauen, Junge und Alte, Reiche und Arme durch die Kälte der Nacht. Sie folgen einem Mann, der ihnen auf nackten Füßen vorangeht: Franz von Assisi.

Nach einer Weile gelangt die Prozession an den Rand des Waldes. „Damit ihr wirklich begreift, mit euren Herzen und Händen begreift, was an Weihnachten geschieht, habe ich euch hier hinaus geführt." Franziskus' sanfte Stimme unterstreicht die Stille der Nacht. Sie haben eine Lichtung erreicht, in deren Mitte sich schemenhaft die Umrisse eines kleinen Stalles abzeichnen. Franziskus tritt näher und taucht die Szene in den Flackerschein seiner Fackel. Welche Überraschung: Eine Krippe ist da zu sehen, eine echte lebendige Krippe. Da liegt ein kleines Kind im Stroh. Ein Mann und eine Frau stehen in Gedanken versunken dabei und ein Ochse und ein Esel. Abermals beginnt Franziskus leise zu reden: „Weihnachten wird heute in der Kirche gefeiert – und das ist gut so. Aber angefangen hat es hier draußen. Diese Krippe erzählt uns allen ganz anschaulich ein großes Geheimnis: Gott ist so menschenfreundlich, daß er selber Mensch wird. Und wenn wir so zärtlich werden wie dieses Kind, so mutig wie seine Eltern und so einfallsreich wie die Liebe, dann kommt er auch durch uns zur Welt."

Ob es sich nun so oder anders zugetragen hat. Seit den Tagen des Franziskus bauen die Menschen Krippen. Zuerst verewigten berühmte mittelalterliche Meister die Weihnachtsgeschichte in Schnitzaltären, dann hielten die Krippen Einzug in beinahe jedes Haus: einfache und aufwendige, klassische und moderne, Krippen aus Stein und aus Stroh, aus Holz, Ton, Wachs, Papier, Pappmaché und vielem mehr. Sie erinnern uns daran, daß wir Weihnachten mit unseren Sinnen erfahren müssen, denn sonst begreifen wir den Sinn nie.

Das Weihnachtsevangelium nach Lukas

In jenen Tagen erließ Kaiser Augustus den Befehl, alle Bewohner des Reiches in Steuerlisten einzutragen. Dies geschah zum erstenmal; damals war Quirinius Statthalter von Syrien. Da ging jeder in seine Stadt, um sich eintragen zu lassen.

So zog auch Josef von der Stadt Nazaret in Galiläa hinauf nach Judäa in die Stadt Davids, die Betlehem heißt; denn er war aus dem Haus und Geschlecht Davids. Er wollte sich eintragen lassen mit Maria, seiner Verlobten, die ein Kind erwartete. Als sie dort waren, kam für Maria die Zeit ihrer Niederkunft, und sie gebar ihren Sohn, den Erstgeborenen. Sie wickelte ihn in Windeln und legte ihn in eine Krippe, weil in der Herberge kein Platz für sie war.

In jener Gegend lagerten Hirten auf freiem Feld und hielten Nachtwache bei ihrer Herde. Da trat der Engel des Herrn zu ihnen, und der Glanz des Herrn umstrahlte sie. Sie fürchteten sich sehr, der Engel aber sagte zu ihnen: Fürchtet euch nicht, denn ich verkünde euch eine große Freude, die dem ganzen Volk zuteil werden soll: Heute ist euch in der Stadt Davids der Retter geboren; er ist der Messias, der Herr. Und das soll euch als Zeichen dienen: Ihr werdet ein Kind finden, das, in Windeln gewickelt, in einer Krippe liegt. Und plötzlich war bei dem Engel ein großes himmlisches Heer, das Gott lobte und sprach: Verherrlicht ist Gott in der Höhe, und auf Erden ist Friede bei den Menschen seiner Gnade.

Als die Engel sie verlassen hatten und in den Himmel zurückgekehrt waren, sagten die Hirten zueinander: Kommt, wir gehen nach Betlehem, um das Ereignis zu sehen, das uns der Herr verkünden ließ. So eilten sie hin und fanden Maria und Josef und das Kind, das in der Krippe lag. Als sie es sahen, erzählten sie, was ihnen über dieses Kind gesagt worden war. Und alle, die es hörten, staunten über die Worte der Hirten. Maria aber bewahrte alles, was geschehen war, in ihrem Herzen und dachte darüber nach. Die Hirten kehrten zurück, rühmten Gott und priesen ihn für das, was sie gehört und gesehen hatten; denn alles war so gewesen, wie es ihnen gesagt worden war.

Lukas 2,1–20

135

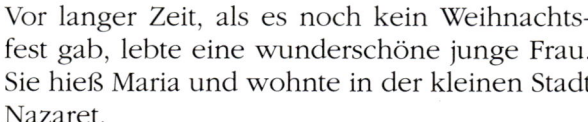

Die Weihnachtsgeschichte

Vor langer Zeit, als es noch kein Weihnachtsfest gab, lebte eine wunderschöne junge Frau. Sie hieß Maria und wohnte in der kleinen Stadt Nazaret.

Eines Tages, als Maria gerade fleißig bei der Hausarbeit war, wurde es plötzlich ganz hell in ihrem Zimmer. Mitten in dem Lichtstrahl stand ein Engel Gottes. Maria bekam einen großen Schrecken. „Hab keine Angst, Maria!" sagte der Engel. „Ich bringe eine freudige Nachricht für dich und für alle Menschen. Du wirst ein Baby bekommen, einen Jungen."

„Aber ich habe doch noch gar keinen Mann", sagte Maria. „Dein Kind wird Gottes Sohn sein", antwortete ihr der Engel. „Du sollst ihn Jesus nennen."

„Ich will alles tun, was Gott will", erwiderte Maria. Dann verschwand der Engel wieder.

In Nazaret gab es einen jungen Mann, der hieß Josef. Er liebte Maria und wollte gerne, daß sie ihn heiratete. Zu Josef kam der Engel im Traum. „Ich möchte dir sagen, Josef, daß Maria ein Baby bekommen wird. Es ist der Sohn Gottes. Ihr sollt das Kind Jesus nennen. Es kommt in die Welt, um die Menschen zu retten." Dann war der Engel wieder weg.

Maria und Josef bereiteten ihre Hochzeit vor. Sie liebten einander sehr. Oft sprachen sie über die Botschaft des Engels und über das besondere Kind. „Werden die Menschen es glauben, daß unser Jesus der Sohn Gottes ist?" fragte Maria. „Mach dir keine Sorgen", antwortete ihr Josef. „Es wird Menschen geben, die es verstehen. Gott versprach, einen besonderen Menschen zu senden, um die Welt zu retten. Jetzt können wir uns darüber freuen, daß er sein Versprechen gehalten hat."

So warteten Josef und Maria auf die Geburt Jesu. Eine Menge Dinge mußten für die Geburt des Kindes vorbereitet werden. Doch die Zeit wurde ihnen lang, bis es soweit war. Eines Tages hörten sie, daß der Kaiser, der das Land beherrschte, ein neues Gesetz erlassen hatte. Josef erzählte Maria: „Jetzt müssen alle Menschen in ihre Heimatstadt reisen, um sich dort in eine Liste einschreiben zu lassen. Wir müssen uns auf den langen Weg nach Betlehem machen."

Als sie sich auf ihre Esel setzten und loszogen, sagte Maria: „Ich wäre ja lieber zu Hause geblieben, bis mein Baby da ist. Aber in den Büchern der Propheten steht ja auch, daß Gottes Sohn in Betlehem zur Welt kommen soll. Ich bin so müde, und der Weg ist noch so weit!"

Als sie in der Stadt ankamen, wimmelte es dort von Menschen. Sie waren alle gekommen, um sich eintragen zu lassen. Deshalb gab es auch in den Gasthäusern keinen Platz mehr. Aber der Wirt sagte, sie könnten den Stall benutzen, in dem er seine Tiere habe.

Josef half Maria vom Esel herunter und trug sie in den Stall. Maria machte auf dem Stroh mit ihrem warmen Mantel ein Bett. Sie wußte, daß das Baby bald kommen würde.

Als das Kind da war, packten sie es warm ein und bereiteten ihm in der Krippe, in der das Heu für die Tiere lag, ein Bettchen zum Schlafen. „Der Junge heißt Jesus", sagten sie. „Und er ist Gottes Sohn!" Die Tiere standen dabei und schauten ihnen zu. Ihr warmer Atem erfüllte den kleinen Stall.

Es blieb nicht lange still. Die Stalltür öffnete sich. Schafhirten kamen herein. „Können wir ihn sehen?" fragten sie.

„Natürlich", sagte Josef. „Aber wie konntet ihr wissen, daß ein Kind zur Welt gekommen ist?" „Wir waren draußen auf den Hügeln bei unseren Schafen", antworteten die Hirten. „Plötzlich strahlte ein helles Licht auf, und Gottes Engel kamen auf uns zu. Sie erzählten uns, daß hier ein Kind sei. Das soll uns alle retten, wenn es groß ist." Dann gingen die Hirten wieder zu ihren Schafen zurück. Allen, die sie

unterwegs trafen, erzählten sie diese Geschichte.

Josef und Maria aber dankten Gott für das Jesuskind. Sie wußten, daß Gott gehalten hat, was er ihnen versprochen hatte, nämlich seinen Sohn zu schicken, um die Welt zu retten. Sie ahnten noch nicht, welche Aufgabe Gott für Jesus hatte. Aber sie wußten, daß er der Welt zeigen würde, wie Gott ist.

Elmar Gruber / Ingrid Willer

O du fröhliche, o du selige

Text: Johannes Daniel Falk 1819 /
Heinrich Holzschuher 1829 (2. und 3. Strophe).
Melodie: Sizilianisches Schifferlied, vor 1788

1. O du fröh - li - che, o du se - li - ge, gna - den -
brin - gen - de Weih - nachts - zeit! Welt ging ver - lo - ren,
Christ ward ge - bo - ren: Freu - e, freu - e dich, o Chri - sten - heit!

2. O du fröhliche, o du selige,
gnadenbringende Weihnachtszeit!
Christ ist erschienen, uns zu versühnen:
Freue, freue dich, o Christenheit!

3. O du fröhliche, o du selige,
gnadenbringende Weihnachtszeit!
Himmlische Heere jauchzen dir Ehre:
Freue, freue dich, o Christenheit!

Stille Nacht, heilige Nacht

Text: Josef Mohr 1818 (Urfassung).
Melodie: Franz Xaver Gruber 1818

1. Stil - le Nacht, hei - li - ge Nacht! Al - les schläft, ein - sam wacht
nur das trau - te, hei - li - ge Paar. Hol - der Knab im lok - ki - gen Haar:
Schla - fe in himm - li - scher Ruh! Schla - fe in himm - li - scher Ruh!

2. Stille Nacht, heilige Nacht!
Gottes Sohn, o wie lacht
Lieb aus deinem göttlichen Mund,
da uns schlägt die rettende Stund,
Jesus, in deiner Geburt,
Jesus, in deiner Geburt!

3. Stille Nacht, heilige Nacht!
Hirten erst kundgemacht;
durch der Engel Halleluja
tönt es laut von ferne und nah:
Jesus, der Retter, ist da,
Jesus, der Retter, ist da!

Vom Engel, der am Weihnachtsabend weinte

Als die Menge der himmlischen Heerscharen schon unterwegs zur Geburt des Kindes war, blieb ein einsamer Engel noch eine Weile in der Höhe zurück. Das sollte ihn teuer zu stehen kommen.

Er fühlte sich in der himmlischen Einsamkeit wohl und zog in großen Bewegungen dahin. Dabei gelangte er zum „Palast der tiefsten Geheimnisse". Er spürte es erst, als er in der Nähe war und ein unbekannter Sog ihn immer mehr gefangennahm. Da blickte er auf und sah den Palast. Er war unbewacht und stand weit offen. Alle seine Wächter waren auf dem Weg zur Erde, um dort das schönste Geheimnis der Menschwerdung mit eigenen Augen anzusehen. Was gab es da noch Weiteres zu bewachen und zu verbergen, wenn es doch jetzt aller Welt sichtbar werden sollte?

Das Geheimnis aus der Höhe begann jetzt eben in der Tiefe zu atmen und dazusein. So war der Palast unbewacht und schien leer. Dennoch ging eine seltsame Kraft von ihm aus und ließ dem einsamen Engel keine Ruhe. Er fühlte sich immer näher hingezogen und konnte der Kraft nicht mehr ausweichen. Zwar haben auch Engel ihre Befehle und fühlen sich mit ihnen eins. Bei ihnen gibt es keine Kluft zwischen Müssen und Können wie bei uns. Aber für dieses Mal siegte doch die Neugierde, und es gelüstete ihn, in alles hineinzublicken.

Er trat in den offenen Palast und folgte den spiralförmig angelegten Gängen, die ihn immer tiefer nach innen führten. An ihren Wänden sah er Bilder und Zeichen, die ihn an vieles erinnerten, was er schon gehört hatte. Anderes wieder war ihm unbekannt und undurchschaubar. Da waren die Urbilder der Schöpfung, die Gesetze und Kräfte alles Lebendigen, Töne, Farben und Formen, da waren die vielen Grundrisse der Geschichte in

der Natur und bei den Menschen. Sie standen nicht erstarrt da, sondern bewegten sich unaufhörlich, als ob gerade jetzt wieder Neues entstünde. Weiter innen flossen die Gestalten des menschlichen Zusammenlebens immer neu ineinander, und alles strömte Lust und Leben aus. Dann kamen die Gänge des göttlichen Rufes, der durch alle Welt hin hallte. Dort schwebten die Hoffnungen der Menschen, die Ahnungen der Seher und die Weissagungen der Propheten.

Und dann, nach einer letzten Krümmung des Weges, stand er vor dem Innersten, vor der Herzkammer der göttlichen Geheimnisse. Gott selber konnte er nicht sehen. Denn Er ist mehr als die Summe seiner Geheimnisse. Aber was

er sah, durchfuhr ihn bis zuinnerst. Da waren drei Bilder ineinander verwoben. Er sah die Geburt eines Kindes, als ob es jetzt geschähe. Und er sah den Tod eines Mannes, und der Mann hatte dieselben Züge wie das Kind. Und zwischen beiden stand wie eine Gestalt mit zwei Armen die Liebe. Aber plötzlich flossen die Bilder ineinander über, und er sah den Tod des Kindes und die Geburt des Mannes und das schreckliche Gesicht der Liebe. Er schrie entsetzt auf und fiel zu Boden.

Als er wieder zu sich kam, taumelte er durch die Gänge zurück. Überall stieß er an die Wände, und ihm war, als ob ihm von allen Seiten nur Bilder von Schrecken und Tod entgegenströmten. Die Weissagungen tönten dumpf und drohend, die Hoffnungen zerfielen, die Rufe verhallten, die Gemeinschaften zerbrachen, Menschen und Völker welkten dahin, die Natur litt zu Tode, und die Schöpfung barst auseinander. Ihm war, daß auch in seinem eigenen Innern etwas zerbrochen war. Sosehr er sich auch bemühte, das ursprüngliche Bild der Liebe zurückzurufen, es gelang ihm nicht.

Sogar als er wieder im Freien war, wurde ihm nicht besser. Auch der Himmel schien ihm gestört zu sein, und die Einsamkeit zermalmte ihn fast. Da durchfuhr es ihn plötzlich: „Ich muß es dem Kind sagen. Ich muß es warnen und beschützen." So schnell er konnte, fuhr er zur Erde nieder. Je näher er ihr kam, desto stärker wurde der Gesang der lobenden Heerscharen. Er drängte sich keuchend durch den Jubel hindurch, und es gelang ihm, bis in die Nähe des Kindes vorzustoßen. Da lag es, wie er es eben gesehen hatte, und über seinem Gesicht stand lächelnd die Liebe. Er versuchte mitzulächeln, aber er vermochte es nicht. Und während er noch schaute, verwandelte sich das Bild, und er sah das Ende. „Ich komme zu spät", flüsterte er erschrocken, und eine abgrundtiefe Traurigkeit befiel ihn. So stand er und starrte, bis ihn ein anderer Engel fragte: „Warum weinst du?" Er konnte nicht antworten. Da sagte sein himmlischer Gefährte: „Du hast gewiß etwas Trauriges erlebt. Schau doch auf das Kind in der Krippe, und du wirst froh werden!" Der Engel antwortete: „Ich sehe kein Kind in der Krippe. Ich sehe einen Mann im Sarg." Da schüttelte der fröhliche Engel hilflos den Kopf und wandte sich singend ab.

Andere traten herzu und blickten strahlend auf das Kind. Der traurige Engel aber stand da und weinte. Er merkte nicht, daß seine Tränen auf das Kind niedertropften. Ein anderer, auch ein fröhlicher, sah es, unterbrach sein Lied und sagte halb freundlich, halb unwillig: „Wir alle haben unsere Sorgen mit den Menschen. Ich verstehe dich. Aber du darfst doch dieses Kind nicht mit dem Kummer der menschlichen Not taufen. Freue dich jetzt mit uns. Zum Trauern ist noch genug Zeit. Singe mit uns, du hast eine so schöne tiefe Stimme!" Doch der Engel schaute ihn nur traurig an und blieb stumm. Da antwortete der andere: „Ah, du willst nicht? Dann gib uns anderen wenigstens deinen Platz an der Krippe frei. Wir wollen uns jetzt freuen. Du verdirbst uns nur das Fest." Und sie drängten ihn fröhlich, aber langsam nach hinten. So wurde es inmitten der Menge der himmlischen Heerscharen einsam um ihn her. Er ließ sich niedersinken und blieb betrübt sitzen. Der Jubel flutete an ihm vorüber.

Endlich nahte sich ein hoher Engel und nahm ihn unter seine Fittiche. Er fragte ihn: „Warum freust du dich nicht? Das ist die schönste Stunde aller Ewigkeiten und Zeiten. Hast du das Kind nicht gesehen?" Er flüsterte: „Ich habe es gesehen. Aber ich habe auch den Tod des Mannes gesehen. Wir stehen vor der schrecklichsten Stunde aller Zeiten."

Da erhob sich der hohe Engel zu seiner ganzen Höhe und sagte: „Du warst im ‚Palast der tiefsten Geheimnisse' und hast geschaut, was nur die erlesenen Auserwählten sehen dürfen. Du bist ein Wissender geworden. Wissende aber müssen leiden. Je größer das Wissen, desto stärker der Schmerz. Das kann dir niemand abnehmen. Das wirst du von jetzt an zu tragen haben, solange Liebe sterben muß, um Leben zu geben."

„Wird man mich strafen?" fragte der traurige Engel scheu. Der hohe Engel antwortete: „Der Himmel straft nicht. Das solltest du doch wissen. Er gibt nur neue Aufgaben. Höre: du wirst in dieser Nacht überall Menschen aufsuchen, die an sich und an der Welt leiden. Nicht alles Leid ist vorbestimmt, wie du meinst. Geh und suche, wo du Leid abwenden kannst. Du wirst die Menschen ermutigen, auszuharren. Du wirst ihre Herzen öffnen für neue Zuversicht und ihre Hände stärken zu neuen Taten. Du wirst ihnen zeigen, daß die Liebe größer ist als das Leben und stärker als der Tod. Ich sende dich. Geh!"

Da erhob sich der traurige Engel und ging.

Wieder zog er einsam seines Weges. Aber er blieb nicht lange allein. Schon bald stürzte das Elend der Welt auf ihn ein. Denn weil sich alle Himmlischen um das Kind in der Krippe scharten, waren die Lebensträume der Menschen völlig engellos geworden. Und so stand der

einzige himmlische Bote auf einmal der unverhüllten Not gegenüber, wie er sie noch nie erlebt hatte.

Er vergaß alles, was in ihm war, und fing an zu helfen, zu heilen und zu trösten. Er linderte Schmerzen und zog das Gift aus den Wunden der Seelen und der Leiber. Er versenkte in Schlaf, wer vor Kummer nicht schlafen konnte. Er ermutigte, wer verzweifeln wollte. Er tröstete die Trauernden, die nicht vergessen konnten, und mischte den Weinenden ein zaghaftes Lächeln unter die Tränen. Er zeigte den suchenden Gedanken neue Lösungen und gab den verwirrten Trieben neue Kanäle. Er entwirrte den Knäuel der Gefühle, die um Haß und Rache kreisten, und gab ihnen eine versöhnliche Richtung. Aber das gab viel zu tun; er wurde vor Mühe grau im Gesicht.

Als er sah, daß das Elend kein Ende nahm und er fast nicht weiterkam, begann er, die Menschen selber zu beleben und füreinander einzuspannen. Er gab den Satten böse Träume, daß sie erwachten und über die Hungernden erschraken. Er beunruhigte die Friedlichen, daß sie auf einmal den Streit um sich her sahen und aufstanden, um Frieden zu stiften. Er erregte die Sanften, daß sie das Unrecht entdeckten und um Abhilfe kämpften. Er schüttelte die Gleichgültigen, daß ihnen die Augen aufgingen und sie die Not derer sahen, die neben ihnen lebten. Die Menschen wußten kaum, was ihnen geschah, und sagten zueinander: „Was für eine seltsame Nacht, in der die Unruhigen ruhig und die Ruhigen unruhig werden, in der Verzweifelte getröstet und die Getrösteten aufgeweckt werden. Es ist etwas Neues unter uns." Der Engel arbeitete bis zum Morgengrauen. Dann flüsterte er: „Ich werde noch manche Nacht kommen, um zu trösten." Und er verschwand. Er wußte noch nicht, daß er während der Nacht seinen Glanz verloren hatte. Von der vielen Arbeit und den vielen Berührungen mit dem Elend der Menschen war er ganz dunkel geworden.

Als er zum Kind zurückkam, war es um die Krippe still geworden. Die Engel hatten sich müde gejubelt und sich zurückgezogen oder schliefen. Auch die Mutter schlief und lächelte und weinte leise im Schlaf. Nur das Kind war wach und schaute dem dunklen Engel entgegen. Er kniete neben dem Kind nieder und erzählte ihm, was er in dieser Nacht bei den Menschen gesehen hatte. Und er erzählte ihm, daß die Liebe mehr ist als das Wissen und größer als das Leben und stärker als der Tod. Und das Kind hörte zu.

Seither darf jeder, der am Weihnachtsabend von einem traurigen und dunklen Engel gestreift wird, wissen, daß er ihn mit dem Elend der Welt und mit dem Kind in der Krippe verbindet.

Werner Reiser

142

Vom Himmel hoch da komm ich her

1. „Vom Him-mel hoch, da komm ich her, ich bring euch gu-te, neu-e Mär. Der gu-ten Mär bring ich so viel, da-von ich singn und sa-gen will.

2. Euch ist ein Kindlein heut geborn
von einer Jungfrau auserkorn,
ein Kindelein so zart und fein;
das soll eur Freud und Wonne sein.

3. Es ist der Herr Christ, unser Gott,
der will euch führn aus aller Not;
er will eur Heiland selber sein,
von allen Sünden machen rein.

4. Er bringt euch alle Seligkeit,
die Gott der Vater hat bereit',
daß ihr mit uns im Himmelreich
sollt leben nun und ewiglich.

5. So merket nun das Zeichen recht:
die Krippe, Windelein so schlecht;
da findet ihr das Kind gelegt,
das alle Welt erhält und trägt."

6. Des laßt uns alle fröhlich sein
und mit den Hirten gehn hinein,
zu sehn, was Gott uns hat beschert
mit seinem lieben Sohn verehrt.

7. Lob, Ehr sei Gott im höchsten Thron,
der uns schenkt seinen eingen Sohn,
Des freuet sich der Engel Schar
und singet uns solch neues Jahr.

Text: Martin Luther 1535.
Melodie: Leipzig 1539

143

Den Heiligen Abend in der Familie feiern

Der Heilige Abend – der wohl aufregendste und abenteuerlichste Tag der ganzen Advents- und Weihnachtszeit – fängt schon am Morgen an. Besonders schön wird er, wenn er von Anfang an seine ganz eigene Atmosphäre hat. Die Spannung steigert sich dann langsam, bis sie schließlich in der Bescherung am Abend aufgeht. Grundsätzlich gilt: Lieber ein bißchen weniger tun, dafür aber eine entspannte Stimmung schaffen. Das gelingt um so besser, je weniger in letzter Minute erledigt werden muß und je mehr die Kinder aktiv einbezogen werden.

Ältere Kinder beteiligen sich gerne verantwortlich an den Vorbereitungen für den Heiligen Abend. Sie nehmen solche Aufgaben sehr ernst und widmen ihnen große Aufmerksamkeit. Während die einen helfen, den Christbaum und das Wohnzimmer zu schmücken, engagieren sich die anderen beim Krippenbau. Wieder andere wollen lieber bei den Vorbereitungen für das festliche Abendessen zur Hand gehen, den Festtagstisch decken oder die Bescherung mit Geschichten, Gedichten und Liedern gestalten. Auch die guten Wünsche und Weihnachtsgrüße für Nachbarn und Freunde sind am Heiligen Abend meistens noch zu verteilen. Kinder spielen da gerne die heimlichen Boten. So oder so. Es gibt genügend Aufgaben, und viele Hände und Köpfe können sehr dazu beitragen, Ihren Heiligen Abend so schön und harmonisch wie eben möglich zu gestalten. Den Kindern macht das großen Spaß, und zugleich wird etwas von dem typischen Heilig-Abend-Streß abgebaut, der sich nur allzuleicht einstellen kann.

Natürlich wird es auch Vorbereitungen geben, bei denen Sie sich von Ihren Kindern lieber nicht über die Schulter sehen lassen wollen. Schließlich sollen die Kinder ja überrascht werden. Manch einer trifft die Vorbereitungen aus diesem Grund lieber ganz allein. Mit ein bißchen Planung ist auch diese Situation leicht zu meistern. Nicht nur, daß sich einige Kinder ganz gut selbst miteinander beschäftigen können. Bei einer entsprechenden Aufgabenteilung unter den Eltern findet sich noch genügend Zeit für die Kleinen.

Vielleicht malen Sie mit Ihren Kindern Bilder zur Weihnachtsgeschichte, die dann am Abend vorgezeigt werden können. Wer es aufwendiger wagen will, kann mit den Kindern aus schwerem Pappkarton und Transparentpapier ein kleines Weihnachtsschattentheater basteln: Bauen Sie aus dem Pappkarton eine Bühne, die Sie mit dem Transparentpapier hinterkleben. Die Kinder können zwischenzeitlich aus schwarzem Tonkarton die Hauptfiguren und Kulissen der Weihnachtsgeschichte ausschneiden (Jesus, Maria, Josef, Engel, Hirten, Schafe, Ochse und Esel, Stall, Sterne etc.). Das Schattentheater wird von hinten mit einer starken Lampe beleuchtet, und die Kinder spielen mit den Figuren spontan die Weihnachtsgeschichte nach, die Sie vorlesen. Es läßt sich aber auch mit weitaus geringeren Mitteln spielend leicht die Zeit vertreiben. Haben Sie schon einmal das alte Spiel „Stadt, Land, Fluß" abgewandelt? Wie wäre es z.B. mit Kategorien wie Geschenke, Spielzeug, Weihnachtslieder, Musikinstrumente, Kirche, Winter, biblische Figuren. Eine Aufgabe für kreative Köpfe und Kinder mit Kombinationsvermögen. Anderen Kindern wird der Sinn womöglich nicht nach solchen Aktivitäten stehen. Die wollen lieber Geschichten erzählt oder vorgelesen bekommen. Besonders eindrucksvoll ist es da für die Kinder, wenn Eltern oder Großeltern erzählen, wie sie Weihnachten früher erlebt und gefeiert haben. Da kann man vor knisternder Spannung mitunter eine Stecknadel fallen hören – und die Zeit vergeht wie im Flug.

Das eigentliche Geburtstagsfest Jesu beginnt mit dem Besuch der Kinderchristmette oder des Krippenspiels in Ihrer Kirchengemeinde. Nachdem alle Kerzen am Christbaum und auf den Tischen entzündet sind, wird die Feier zu Hause fortgesetzt. Die Familie versammelt sich um den Tannenbaum. Zu Beginn trägt ein Erwachsener das Weihnachtsevangelium vor. Direkt im Anschluß daran wird das Jesuskind in die Krippe gelegt und ein Lied gesungen. Jetzt sollten die Kinder Gedichte, Geschichten, Lieder und Musikstücke vortragen können. Dann werden die Geschenke verteilt oder überreicht. Das ist mindestens doppelt so spannend, wenn immer nur einer ein Geschenk auspackt. Die anderen sehen zu und können sich mitfreuen. Viel Freude macht auch eine kleine weihnachtliche Schnitzeljagd in den eigenen vier Wänden. Die Geschenke werden dazu in der ganzen Wohnung versteckt und durch farbige Wollfäden mit der Krippe verbunden. Damit jeder seinen Faden findet, ist ein Zettel mit seinem Namen angeheftet.

Das leckere Festessen krönt diesen Teil des Abends. Der Tisch ist besonders feierlich gedeckt, und leise Weihnachtsmusik untermalt das Essen. Ein schönes Zeichen der Zusammengehörigkeit ist es, sich vor dem Essen die Hände zu reichen, in dieser Haltung ein Tischgebet zu sprechen und sich guten Appetit zu wünschen.

Nach dem Essen sollten Sie sich noch viel Zeit nehmen für Ihre Kinder. Das ist vielleicht noch wichtiger als die Geschenke. Denn ein Heiliger Abend ohne gemeinsames Spielen und Erleben ist für Kinder kein richtiges Fest. Beschließen Sie den Abend mit einer weihnachtlichen „Gute-Nacht-Geschichte" und einigen ruhigen Liedern.

145

Wieder Weihnachten

Teile mit einem dein Brot,
mit dem andern dein Haus,
mit dem einen dein Leid,
mit dem andern dein Glück ...
Du holst nicht die Sterne
vom Himmel herunter,
doch Weihnachten holst du zurück,
glaub mir, Weihnachten holst du zurück!

Teile mit einem den Wein,
mit dem andern dein Geld,
mit dem einen dein Lachen
und auch deine Zeit ...
Du holst nicht die Sterne
vom Himmel herunter,
doch Weihnachten ist nicht mehr weit,
glaub mir, Weihnachten ist nicht mehr weit.

Schenke dem einen dein Ohr
und dem andern die Hand,
gib dem einen was ab,
nimm vom andern was an ...
Du holst nicht die Sterne
vom Himmel herunter,
doch Weihnachten fängt damit an,
glaub mir, Weihnachten fängt damit an.

Öffne dem Fremden die Tür,
zeig dem Blinden den Weg,
reich dem Alten den Stab,
leg den Arm um das Kind ...
Du holst nicht die Sterne
vom Himmel herunter,
doch Weihnachten ähnlich beginnt,
glaub mir, Weihnachten ähnlich beginnt.

Tröste den einen, der's braucht,
mit dem andern wein mit,
mach ein Feuer, wenn's friert,
gib dich so, wie du bist ...
Du holst nicht die Sterne
vom Himmel herunter,
doch merkst du, was Weihnachten ist,
ja, dann merkst du, was Weihnachten ist.

Rolf Krenzer

Weihnachtsnacht

Weht im Schnee ein Weihnachtslied
Leise über Stadt und Felder,
Sternenhimmel niedersieht,
Und der Winternebel zieht
Um die dunklen Tannenwälder.

Weht im Schnee ein Weihnachtsduft
Träumerisch durch dichte Flocken,
Füllt die schwere Winterluft,
Und aus weichen Wolken ruft
Sanft der Klang der Kirchenglocken.

Geht durch Schnee ein Weihnachtskind
Liebend über kalte Erde,
Geht dahin und lächelt lind,
Hoffend, daß wir gütig sind
Und die Menschheit besser werde.

Hilde Fürstenberg

Die Weihnachtstage:

Von Lebenslust und Leidenschaft

Weihnachten –
eine Geschichte, die das
Leben selber schrieb

Die Weihnachtslieder sind noch nicht verklungen, da wird Jesus schon getauft mit dem Leid dieser Welt. Das Kind in der Krippe gerät ins Fadenkreuz der Mächtigen. Herodes, so erzählt die Bibel, läßt aus Angst vor diesem göttlichen Kind kurzerhand alle Kinder bis zu einem Alter von zwei Jahren in Betlehem und Umgebung töten. Ein Blutbad von unvorstellbaren Ausmaßen. Und Herodes ist nicht einmal der einzige, der versucht hat, kurzen Prozeß zu machen mit diesem Boten des Himmels. Von Herodes angefangen zieht sich eine Blutspur durch die Geschichte. Das ist wie ein roter Faden, der von Weihnachten ausgeht. Nein, es ist alles andere als leicht, das Kind des Himmels großzuziehen in dieser Welt. Schon von Weihnachten her brauchen Mut und Menschlichkeit Leidenschaft, die Bereitschaft, sich das neue Leben etwas kosten zu lassen.

Daran erinnert auch eine andere Gestalt der Weihnachtstage. Am zweiten Weihnachtstag feiert die Kirche das Fest des ersten Märtyrers Stephanus. Stephanus hat Ernst gemacht mit dem Himmel. So sehr, daß er bestehende Ordnungen, und gerade religiöse Ordnungen, in Frage stellt. Das paßt den Machthabern seiner Zeit nicht ins Konzept. Stephanus können sie töten, nicht aber das, wofür er mit seinem Leben eingetreten ist. Vom Tod des Stephanus her entwickelt sich eine Bewegung, das sogenannte griechische Christentum, das später mit dem Apostel Paulus seinen Siegeszug quer durch die ganze Welt antritt.

Womöglich geht uns die Weihnachtsgeschichte deshalb so zu Herzen. Das ist nicht einfach eine schöne Geschichte, die mit der Lebenswirklichkeit sonst nichts zu tun hat. Es ist eine Geschichte, wie sie nur das Leben selber schreiben kann: unsentimental und doch anrührend, voller Wahrheit und Weisheit, Liebe und Leiden. Sie verbindet zwei Pole miteinander, in deren Kraftfeld wir unser Leben bestehen müssen, Stunde für Stunde, Tag für Tag, Jahr für Jahr – Lebenslust und Leidenschaft. Und sie mahnt, Ernst zu machen mit beidem, damit es geschieht, damit Weihnachten wird und der Himmel auf der Erde anbrechen kann.

Fröhliches Weihnachtslied

1. Weil heu - te wie - der Weih - nacht ist, bin ich so froh.
Weil du für mich ge - bo - ren bist, drum sing ich so: La - la - la,
la - la - la, la - la - la, la, la - la - la, la - la - la, la - la - la - la.
Weil heu - te wie - der Weih - nacht ist, bin ich so froh.
Weil heu - te wie - der Weih - nacht ist, bin ich so froh.

2. Weil heute dein Geburtstag ist,
bin ich so froh.
Weil du der Grund der Freude bist,
drum pfeif' ich so:
Tititi …
Weil heute dein Geburtstag ist,
bin ich so froh.

3. Weil heute jeder sich so freut,
bin ich so froh.
Es feiern heute alle Leut,
darum lach' ich so:
Hahaha …
Weil heute jeder sich so freut,
bin ich so froh.

4. Weil einer an den andern denkt,
bin ich so froh.
Weil einer was dem andern schenkt,
drum klatsch' ich so:
kschkschksch …
Weil einer an den andern denkt,
bin ich so froh.

5. Weil Weihnachten mir so gefällt,
bin ich so froh.
Es geht die Freude um die Welt,
drum tanz' ich so:
tatatam …
Weil Weihnachten mir so gefällt,
bin ich so froh.

Text: Rolf Krenzer. Melodie: Paul G. Walter.
aus: Liedheft + MC Dann fängt Weihnachten an –
PWG 012
© 1989 Musikbär-Verlag, Schriesheim

Alle Jahre wieder

*Text: Wilhelm Hey (1837). Melodie: Friedrich Silcher
(1789-1860) zugeschrieben.*

1. Al - le Jah - re wie - der kommt das Chri - stus - kind
auf die Er - de nie - der, wo wir Men - schen sind.

2. Kehrt mit seinem Segen
ein in jedes Haus,
geht auf allen Wegen
mit uns ein und aus.

3. Steht auch mir zur Seite,
still und unerkannt,
daß es treu mich leite
an der lieben Hand.

Kling, Glöckchen, klingelingeling

*Text: Karl Enslin (1814–1875).
Melodie: Volksweise*

1. Kling, Glöck - chen, klin - ge - lin - ge - ling, kling, Glöck - chen, kling!

Laßt mich ein, ihr Kin - der, ist so kalt der Win - ter,

öff - net mir die Tü - ren, laßt mich nicht er - frie - ren.

Kling, Glöck - chen, klin - ge - lin - ge - ling, kling, Glöck - chen, kling!

2. Kling, Glöckchen, klingelingeling,
kling, Glöckchen, kling!
Mädchen, hört, und Bübchen,
macht mir auf das Stübchen,
bring euch viele Gaben,
sollt euch dran erlaben.
Kling, Glöckchen, klingelingeling,
kling, Glöckchen, kling!

3. Kling, Glöckchen, klingelingeling,
kling, Glöckchen, kling!
Hell erglüh die Kerzen,
öffnet mir die Herzen,
will drin wohnen fröhlich,
frommes Kind, wie selig.
Kling, Glöckchen, klingelingeling,
kling, Glöckchen, kling!

Die Geschichte von dem Engel, der immer zu spät kam

Max war noch ein ganz kleiner Engel und erst seit kurzer Zeit im Himmel. Deshalb fiel es ihm manchmal schwer, schon ein richtig guter Engel zu sein, so, wie man sich einen Engel halt eben vorstellt. Max war neugierig und träumte gerne, spielte Fangen mit den Wolken – und wenn er dem Wind zuhörte, der von der Erde und den Menschen erzählte, konnte Max alles um sich herum vergessen! Und so kam es immer wieder vor, daß Max zu seinen himmlischen Pflichten zu spät kam, wenn er sie nicht sogar ganz vergaß. Max war eben der Engel, der immer zu spät kam und der die entscheidenden Dinge vergaß, weil ihm anderes gerade wichtiger war – und es hätte noch Sternjahre so weitergehen können, wenn ...

Ja, wenn nicht eines Tages eine Himmelskonferenz einberufen worden wäre. An ein solches Treffen konnte sich kein Engel erinnern, so etwas war noch nie vorgekommen! Sie waren entsprechend aufgeregt und tuschelten untereinander. Was hatte das nur zu bedeuten?

Als der Erzengel Michael die Sitzung eröffnet hatte – Max war gerade noch rechtzeitig zur Tür hereingeflitzt –, wurde schnell klar, welch außerordentliches Ereignis bevorstand: Gott hatte sich entschieden, selbst zur Erde zu gehen! Dort war schon seit langer Zeit einiges in Unordnung geraten, Krieg und Haß beherrschten die Welt, die Menschen liebten einander nicht mehr und schauten nur noch auf das Geld.

Deshalb hatte sich Gott zu diesem ungewöhnlichen Schritt entschlossen – er wollte höchstpersönlich nach dem Rechten sehen und wurde Mensch! Und dabei sollten die Engel ihm helfen. Aufgeregt flüsterten die Engel. Natürlich würden sie alles tun, was engelsmöglich war – aber was? Nach langen ergebnislosen Diskussionen schälte sich allmählich ein Kompromiß heraus: Man würde zur Erde fliegen und dort zu Gottes Geburt den größten Lobpreis veranstalten, den man sich denken konnte.

Anwesenheitspflicht für alle Engel in Betlehem, mit gut geölten Stimmen, ausgeruht und voller Kraft! Singen und Loben – das konnte ja nicht falsch sein! Auch Max nickte eifrig: ja, er würde pünktlich sein und ganz sicher nicht zu spät kommen, er würde so laut jubeln, wie es seine Stimme hergab, er würde seinen Teil dazu beitragen, daß Gottes Botschaft auf der Erde nicht ungehört verhallen würde. Aber, ob das Jubilieren Gott bei seinem Vorhaben wirklich unterstützen würde?

151

Der große Tag rückte näher. Die Engel probten unermüdlich das „Hosiannah!", kontrollierten schließlich noch einmal ihre Flügel, tranken eine letzte Tasse Salbeitee und flogen, einer nach dem anderen, Richtung Erde. Auch Max hatte beschlossen, frühzeitig loszufliegen, um ja pünktlich zu sein.

Der Flug dauerte lang, aber machte dem kleinen Engel einen Riesenspaß! So durch die Luft zu sausen, den Wind zu spüren, die Wolken zu überholen und ihnen ein herzliches „Hallo!" zuzurufen, das war so recht nach seinem Geschmack. Fast bedauerte es Max, als er sich der Erde näherte – und war doch zugleich neugierig darauf. Noch nie war er auf der Erde gewesen, hatte noch nie einen Menschen gesehen, sondern immer nur den Wind davon erzählen hören, und jetzt also sollte er das alles selbst kennenlernen!

Max landete irgendwo nördlich von Betlehem. Er setzte etwas hart auf, weil er gerade im entscheidenden Moment seine Augen mal wieder woanders hatte, und der aufwirbelnde Staub nahm ihm für einen Moment die Sicht. Er hustete, versuchte mit Armen und Flügeln den Staub wegzuschlagen und sah sich neugierig um. Das also war die Erde!

Er war ein wenig enttäuscht. So kahl und karg hatte er sich das nicht vorgestellt! Wo waren die Menschen? Und wo würde Gott zur Welt kommen? Diesmal mußte er pünktlich sein! Und so trabte er los, die Flügel sorgfältig unter seinem Umhang versteckt . . .

Aber einen Moment später stockte er schon: Wohin sollte er eigentlich gehen? Im Himmel hatten alle Engel immer so getan, als wüßten sie ganz selbstverständlich, wo Gott zur Welt kommen würde. Max aber hatte gar nicht daran gedacht, nach dem Weg zu fragen. Und jetzt stand er da . . . Sein Blick fiel auf eine kleine Hütte, die in der Nähe stand. Ob da wohl Menschen wären? Und ob jemand von ihnen wüßte, wo Gott zur Welt kommen würde? Er ging näher und klopfte an die Tür. Ein zaghaf-tes „Ja" war zu hören, und Max trat ein. Dunkel umfing ihn, nur ein glimmendes Feuer warf ein wenig Licht. „Wer ist da?" fragte eine Stimme zögernd. Max überlegte: Er konnte doch nicht einfach sagen, daß er ein Engel sei. „Ich bin ein Wanderer", erwiderte er schließlich. Das Wort kannte er vom Wind, der ihm davon erzählt hatte. „Ach, dann willst du sicher zur Volkszählung nach Betlehem!" sagte die Stimme erleichtert. „Na, komm nur und wärm dich!" Max ging näher und entdeckte im Dunkel schließlich eine Frau auf einem Lager. „Was ist mit dir?" fragte er behutsam, denn er sah, daß es ihr nicht gutging. „Ich bin krank", sagte sie leise. „Und da ist niemand, der sich um dich kümmert?" fragte Max. „Wer sollte sich um mich kümmern?" gab die Frau zurück, „ich bin alleine." – „Ich mach' Feuer und koch' dir eine Suppe", sagte Max eifrig, „dann wird es dir gleich bessergehen!" – „Oh, das wäre schön!" erwiderte die Frau hoffnungsvoll.

Max werkelte eifrig in der Hütte herum, wusch Töpfe und Geschirr ab, räumte ein wenig auf und setzte sich schließlich an das Bett der Frau und hielt ihre Hand. Beide schwiegen lange, dann sagte die Frau: „Es ist schön, daß du da bist!" Sie aß die Suppe, die Max ihr hinstellte, und fiel dann in einen tiefen Schlaf. Max hielt ihre Hand, wischte ihr mit einem Tuch den Schweiß von der Stirn, murmelte beruhigende Worte, wenn sie unruhig wurde – und vergaß ganz das Treffen in Betlehem. Schließlich fielen auch Max die Augen zu.

Als er am nächsten Morgen erwachte, durchfuhr ihn siedendheiß sofort der Gedanke: Himmel, jetzt komme ich doch zu spät zum Jubilieren! Mühsam nur verbarg er seine Unruhe, als er der kranken Frau ein Frühstück richtete und das Feuer im Kamin neu entfachte. Der Frau entging das nicht. „Was beschäftigt dich denn so?" fragte sie schließlich behutsam. Max schluckte und überlegte einen Moment. Dann sagte er mit trauriger Stimme: „Ach, weißt du, ich glaube, ich komme mal wieder zu spät –

und gerade diesmal wollte ich pünktlich sein!"
– „Wenn du wegen mir zu spät kommst und
dem, was du für mich getan hast, dann wird
dir sicher verziehen werden", sagte die Frau
leise und zärtlich. Max sah sie zweifelnd an –
ob der Erzengel Michael und die anderen Engel genauso denken würden? Er glaubte nicht
so recht daran ...
Schweren Herzens und nachdenklich verabschiedete sich Max: Ob Gott ihn wirklich zum
Jubeln bräuchte, wenn hier eine alte Frau
ohne Hilfe und Unterstützung krank im Bett
lag?

In der Ferne sah Max einige Rauchfäden gen
Himmel steigen. Das war wohl ein Dorf, vielleicht sogar Betlehem – dort könnte man ihm
ganz sicher weiterhelfen.
Mitten im Dorf stand ein Wirtshaus. Max überlegte einen Moment, er wußte vom Wind, daß
sich in solchen Wirtshäusern Menschen trafen –

vielleicht würde jemand von ihnen wissen, wo Gott zur Welt kommen würde –, und so trat er kurzentschlossen ein. Am Tisch saßen einige Männer, hatten Gläser vor sich stehen, spielten Karten, unterhielten sich. Flüchtig schauten sie den neuen Gast an. Max faßte sich ein Herz, ging auf einen mächtig aussehenden Mann hinter einer Art Holzzaun zu und fragte schüchtern: „Ich suche den Ort, an dem Gott zur Welt kommen soll. Wissen Sie, wo ich da hin muß?"

Der Wirt brummte unwillig: „Du bist jetzt schon der fünfte oder sechste, der danach fragt. Ich weiß es auch nicht! Warum informiert ihr euch nicht vorher, wo ihr hinwollt?" Dann aber sah er die blauen Augen, das verstrubbelte Haar, die Ratlosigkeit in dem Gesicht von Max – und sagte etwas freundlicher: „Ich weiß nur von einer Frau, die ein Kind erwartet. Gestern abend kam eine hochschwangere Frau mit ihrem Mann, die habe ich zu meinem Stall draußen vor der Stadt geschickt, weil bei mir kein Platz mehr ist." Ein Stall? Max war unsicher. Eigentlich war das nicht gerade der Ort, an dem er Gott vermutete. Aber im Moment konnte er es sich nicht leisten, eine Spur unverfolgt zu lassen. „Wo ist dieser Stall?" fragte Max. „Wenn du in dieser Richtung aus der Stadt gehst, findest du ihn auf der rechten Seite!" sagte der Wirt – und Max bedankte sich höflich und ging los.

Wirklich – als Max aus der Stadt herauskam, sah er auf der rechten Seite einen Stall. Zögernd ging er näher. Im Stall lag ein Ochse, gemütlich wiederkäuend. „Hallo!" sagte Max zögernd. Der Ochse blickte auf, und sein Blick wurde freundlich: „Oh, das ist aber schön, daß ich Besuch bekomme! Gestern war es so trublig hier, daß ich mich heute fast ein wenig einsam fühle!" Max horchte auf: „Was war denn los bei dir?" – „Ach, gegen Abend kamen ein Mann und eine Frau hierher – und stell dir nur vor, die Frau hat hier, in diesem Stall, ein Kind zur Welt gebracht! Sie haben auch einen Esel

dabei gehabt – und es war schön, sich mit ihm ein wenig zu unterhalten. Man kriegt ja sonst nichts mit von der Welt!" – Max lauschte gebannt: „Ja, und jetzt?" – „Jetzt sind sie fort. Nachts waren noch irgendwelche seltsame Gestalten da und haben ganz laut gesungen, dann kamen Hirten und heute morgen sogar noch irgendwelche Könige." – „Und dann?" fragte Max bang. „Dann haben sie den Esel genommen und sind ganz eilig fortgeritten", sagte der Ochse traurig, „ich wollte gerne mit – aber ich sei zu langsam, haben sie gesagt…"
Max schluckte tief, schwieg eine Zeitlang, irgendwie hatte sich eine Träne in seine Augen hineingeschlichen, ein Frosch saß ihm im Hals. Wieder mal zu spät, dachte er, nicht mal bei diesem entscheidenden Ereignis kann ich pünktlich sein – aber hätte er die Frau denn gestern abend wirklich allein lassen sollen? Max überlegte. Nein, in den Himmel konnte und wollte er nicht zurück – diesmal würde Michael ihn sicher bestrafen, und an das Gelächter der anderen Engel wollte er gar nicht erst denken. Aber was tun? Was sollte ein kleiner Engel auf der Erde schon anfangen?
Max wandte sich wieder an den Ochsen: „Weißt du eigentlich, was gestern abend hier bei dir passiert ist?" Der Ochse sah ihn mit großen, dunklen Augen an: „Ehrlich gesagt, nein – aber es war ganz nett!" – Max seufzte, aber dann sah er ein, daß der Ochse aus seiner Sicht wohl durchaus recht hatte. „In deinem Stall ist Gott zur Welt gekommen – und deshalb war der Trubel hier!" sagte Max erklärend. „Hmhm", murmelte der Ochse ziemlich ungerührt, „und wer ist das – Gott?" Max zog etwas ratlos die Schultern hoch: „So genau kann ich dir das auch nicht erklären. Aber er wollte als Mensch zur Welt kommen, um damit allen zu sagen: Es lohnt sich zu leben, mach was draus!" – „Auch uns Ochsen?" fragte der Ochse interessiert nach. „Ja, auch euch Ochsen", bekräftigte Max. „Auch mir, der ich immer zu langsam bin?" Der Ochse wurde ganz

aufgeregt. „Ja, auch dir!" sagte Max. Es lohnt sich zu leben – mach was draus! Zugegeben, Max war sich nicht sicher, ob Michael so mit der Kurzfassung der göttlichen Botschaft einverstanden wäre.

„Das ist aber eine schöne Botschaft!" sagte der Ochse plötzlich ganz ernsthaft in die Gedanken von Max hinein, „und das will dieser Gott ganz allein allen Menschen und Ochsen und Eseln weitersagen?" – Max nickt, und erst in diesem Moment wurde ihm selbst richtig klar, auf welches Vorhaben sich dieser Gott da eingelassen hatte. Den Menschen Mut zum Leben zu machen, zu einem Leben, bei dem einer den anderen achtet, Mut zu einem Leben mit all seinen Höhen und Tiefen, ein Leben, in dem die Menschen sich nicht versklaven und leben lassen, sondern ihr Leben selbst in die Hand nehmen – vor der Ungeheuerlichkeit dieses Vorhabens verlor das Singen und Jubeln der Engel in der vergangenen Nacht wirklich ziemlich an Bedeutung. Es war bestimmt schön gewesen, aber ob es irgend jemandem Mut zum Leben gemacht hatte, das bezweifelte Max inzwischen doch. In dem kleinen Engel wurde ein wahnwitziger Gedanke wach. Vielleicht könnte er . . .

Wie wäre es denn, wenn er hier auf der Erde bliebe, gar nicht erst zum Himmel zurückflog – und eben auf seine Art und Weise Gott bei seinem Vorhaben helfen würde? Das konnte dieser Gott doch gar nicht alles allein schaffen! Nachdenklich blickte Max zu dem großen, braunen Ochsen. „Hör mal", begann er vorsichtig, „hast du Lust, mit mir zusammen Gott bei der Verkündigung dieser Botschaft zu unterstützen?" – Der Ochse sah ihn mit seinen großen Augen an: „Wie hast du dir das denn vorgestellt?" – „So ganz genau weiß ich das auch noch nicht", sagte Max langsam, „vielleicht können wir in die Welt zu den Menschen gehen und ihnen einfach das erzählen, was wir beide von dieser Botschaft Gottes verstanden haben."

Der Ochse dachte lange nach. „Doch", sagte er schließlich, „das kann ich mir ganz gut vorstellen. Aber erzählen finde ich ein bißchen zu wenig." – Max nickte nachdenklich: „Du meinst also, wir sollten nicht nur reden und von Gott erzählen, sondern auch entsprechend handeln?" – Der Ochse nickte: „Vielleicht sogar zuerst was tun – und später darüber sprechen, wenn's dann überhaupt noch notwendig ist. Reden kann ich sowieso nicht so gut – pflügen kann ich besser . . ." – „Und du

155

meinst wirklich, daß Gott so zwei wie uns brauchen kann – einen wie mich, der immer zu spät kommt, und dich, der manchmal eben ein bißchen langsam ist?" fragte Max, noch leise zweifelnd, nach. „Warum nicht?" sagte der Ochse, „ich bin zwar nicht schnell, aber da, wo Gründlichkeit gebraucht wird, kann ich wohl ganz gut mithalten. Und wenn du heute nicht zu spät gekommen wärst, hätte mir niemand von der Botschaft dieses Gottes erzählt, so beschäftigt wie die gestern alle miteinander waren!"

Max gab dem Ochsen gerne recht. Also gut, warum nicht? Der Himmel konnte warten – Gott brauchte Unterstützung jetzt hier auf der Erde.

„Wie ist das, gehen wir jetzt los?" fragte der Ochse eifrig, der wohl Lust auf das Leben bekommen hatte. „Klar", lachte Max, „und ich weiß auch schon wohin – ich kenne da eine kranke Frau, der tut es bestimmt gut, wenn ich ihr eine Suppe koche – und wenn du ihr das Feld umpflügst!"

Max versteckte seine Flügel in einer dunklen Ecke des Stalls. Hier auf der Erde würde er sie nicht mehr brauchen, und in den Himmel wollte er so schnell nicht zurück.

Und so brachen die beiden auf, ein langsamer Ochse, ein vergeßlicher Engel, um Gott bei seiner großen Aufgabe zu unterstützen.

Andrea Schwarz (gekürzt)

Spiel, Spaß, Spannung und Spazieren

Ein Weihnachtsnachmittag für die Familie

Im Trubel der Verwandtenbesuche und vielen Weihnachtsfeierlichkeiten sollte auch ein Nachmittag für die Familie Platz haben. Gemütlich soll er werden und lebendig, vielseitig und nachdenklich.

Beginnen könnte der Nachmittag mit einem gemeinsamen Spaziergang an der frischen Luft. Etwas Bewegung kann an den Weihnachtstagen ja nie schaden. Sie können im Wald wandern. Andere bevorzugen vielleicht eine Krippenwanderung mit der Besichtigung der schönsten Weihnachtskrippen in den Kirchen ihrer Stadt. Wärmen Sie sich bei einem gemütlichen Kaffeetrinken mit Weihnachtswaffeln wieder auf. Die sind schnell gebacken und liegen nicht schwer im Magen. Anschließend lesen Sie gemeinsam eine Weihnachtsgeschichte. Das ist mindestens so aufregend wie Fernsehen, aber vermutlich anregender.

Nach so viel stillsitzen brauchen Ihre Kinder dann aber wieder etwas Bewegung. Wie wäre es mit einigen Spielen zur Auflockerung?

Ein Spieler überlegt sich ein Lied und beginnt die Gruppe nach Leibeskräften zu dirigieren. Alle singen laut mit. Aber plötzlich klatschen sie in die Hände, weil einer ein unauffälliges Zeichen gegeben hat. Dann wird gejodelt, gebrummt, mit den Fingern geschnalzt, mit den Füßen getrampelt, geflötet usw. Der Dirigent muß herausfinden, wer da an seiner Stelle die Anweisungen gibt, dann wird gewechselt.

Ein oder zwei Spieler erhalten einen Zettel, auf dem ein bekanntes Sprichwort notiert ist: z.B. „Er hat von Tuten und Blasen keine Ahnung" oder „Dir werde ich die Flötentöne schon beibringen" usw. Jeder Spieler bzw. jede Spielgruppe hat nun die Aufgabe, pantomimisch darzustellen, um welches Sprichwort es sich handelt. Die anderen müssen das Sprichwort raten.

Alle Mitspieler haben die Augen verbunden (Vorsicht mit dem Weihnachtsbaum!) und bewegen sich in einem dunklen Wald. Nur ein Spieler kann sehen. Um den Hals trägt er eine kleine Glocke, die ab und zu läutet, wenn er sich unvorsichtig bewegt. Wer den Glockengeist erwischt, darf ihn als nächster spielen.

157

Da fängt der Himmel an

Allmählich wurde es ruhiger über den Feldern von Betlehem. Kaspar, Melchior und Balthasar, die drei Weisen aus dem Morgenland, hatten ihre Geschenke niedergelegt und standen nun am Beginn ihrer Heimreise. Nicht weit vom Stall entfernt hielten sie noch einmal inne und schauten zurück zu der Bretterbude auf dem Hirtenfeld, aus der der matte Schimmer einer Stallaterne leuchtete. Sie waren noch ganz still, so sehr waren sie von dem Ereignis und dem, was sie gesehen hatten, betroffen.

Schließlich brach Balthasar das Schweigen: „Es ist großartig!" sagte er ruhig und eindringlich.

„Was ist großartig?" fragte Kaspar nach.

„Daß er so klein geworden ist und so arm. Es gibt soviel Großspuriges in unserer Welt. Aber der Himmel kommt ganz klein und arm. Habt ihr gesehen, bei wem er ankommen konnte, wer bei ihm war gleich in der Stunde nach der Geburt? Es waren die Hirten, die ganz am Rande stehen, und all jene, von denen keiner der Betlehemer Bürger etwas wissen will: die Traurigen, die Ausgestoßenen, die Bettler, Narren und Nutten. Die Gottlosen, die Süchtigen, die Verzweifelten und die, die an nichts mehr glauben können. Die Einsamen und die von ihrer Schuld Gequälten. Die Ärmsten der Armen waren bei ihm. Ja, arm müssen sie sein. Sie müssen die Hände und Herzen noch frei haben, damit sie das Neue auch empfangen können. Mitten in ihre Traurigkeit und Aussichtslosigkeit fällt eine Keimzelle vom Himmel. Mitten in ihre Nacht hinein wird dieses Kind geboren. Ab heute, ab dieser Nacht gibt es nicht mehr Oben und Unten, die Freude des Himmels und die Not dieser Welt. In dieser Nacht werden sie vereint. In dieser Nacht beginnt der Himmel in der Not und Dunkelheit unserer Welt zu wachsen."

„Und dann die Bretterbude und das Stroh", fuhr Melchior fort. „Es wird soviel leeres Stroh gedroschen. Es werden soviel schöne Worte gemacht, wie alles besser werden könnte. Und nun kommt endlich einer, der sich nicht nur mit wohlklingenden Worten, sondern mit seinem ganzen Leben in die Armut der Menschheit hineinwagt. Auf dem Stroh unserer Welt ist Platz für ihn, weil gerade in der Not ein Mensch notwendig ist. Und der Stall, er ist wie ein Zeichen. Der Himmel kann nur da ankommen, wo noch nicht alles unter Dach und Fach ist, wo noch nicht alles fertig ist. Zwischen diesen losen Brettern wird die Welt aufgebrochen für das Kind, den Keim der neuen Welt. Die Liebe hat sich auf den Weg gemacht, damit der Himmel auf der Erde wachsen kann."

„Ja, es fängt ganz im Kleinen an", sagte Kaspar nachdenklich. „Aber die Menschen in Betlehem hatten keinen Platz für das junge Paar, das mit dem Himmel schwanger ging. Wie wird es uns gehen, wenn wir an die Türen der Menschen klopfen und um Einlaß für den Himmel bitten?"

„Vermutlich wird man uns die Türe weisen, wie Maria und Josef, aber wir dürfen darum nicht aufgeben", antwortete Balthasar. „Die Liebe soll Platz bekommen unter uns Menschen. Es wird nicht leicht sein und viel Kraft kosten. Aber wir werden nicht allein sein. Er selbst geht mit."

„Aber werden die Menschen es verstehen?" fragte Kaspar hartnäckig. „Werden sie, werden wir einmal verstehen, daß das Kind wachsen muß?"

„Ist es nicht natürlich, daß ein Kind wachsen muß?" fragte Melchior.

„Schon", gab Kaspar zur Antwort, „aber werden die Großen dieser Welt nicht versuchen – so wie dieser Herodes –, das Kind des Himmels, diesen Keim der neuen Welt, unbedeutend und klein zu halten. Vor allem: Werden wir mit allen Fasern unserer Existenz begreifen, daß das Kind in uns wachsen muß?"

„Ja, werden wir es ganz begreifen?" fragte Melchior, während sie ihre Reittiere gegen Osten wandten und losritten. „Und werden wir darauf aufmerksam werden? Denn es fängt mit dem Himmel so gewöhnlich, so alltäglich an. Es hat nicht den Glanz des Besonderen. Wir werden den Himmel suchen müssen, wo wir ihn am wenigsten erwarten ... in unseren Dunkelheiten, in unserer Nacht, in unserer Not. Da fängt der Himmel an, unscheinbar, klein, alltäglich, aber wirklich."

Neujahr und Dreikönige

oder Warum unser Leben unter einem guten Stern steht

Unterwegs von Zeit zu Zeit

Silvester – die letzten Stunden des alten Jahres sind angebrochen. Das neue Jahr steht unmittelbar bevor. Wir sind unterwegs von Zeit zu Zeit. Selten liegen Abschied und Anfang so spürbar beieinander, und selten wird Zeit so dicht erfahren. Schon immer verbindet sich die Erfahrung des Jahreswechsels daher mit dem Bedürfnis der Menschen, in die Zukunft zu schauen. Mit Blei- und Zinngießen versucht man das Schicksal des kommenden Jahres zu erschließen. Die großen Feuerwerke in der Mitte der Neujahrsnacht wollen mit ihrem Licht und Lärm die bösen Mächte bannen, die vor allem in dieser Nacht ihr Unwesen treiben sollen. Was man sich in dieser Nacht wünscht, ganz fest wünscht, geht nach alter Überzeugung auch in Erfüllung. Deshalb wünscht man sich von ganzem Herzen Glück, verschenkt vierblättrigen Klee, kleine Schornsteinfeger und andere Glücksbringer. Deshalb auch faßt man Vorsätze, so als ob man das Leben noch einmal neu beginnt.

Die Christen feiern am Beginn des neuen Jahres mit dem Fest der Heiligen Drei Könige zugleich den zweiten Höhepunkt des Weihnachtsfestes. Das „Fest der Erscheinung des Herrn", der sichtbaren Erscheinung Gottes, wie es auch genannt wird, ist das ursprüngliche Weihnachtsfest der Kirche des Ostens. Wie unser Weihnachtsfest ist auch die Feier der Erscheinung des Herrn am 6. Januar durch ein heidnisches Fest beeinflußt. An diesem Tag wurde in Ägypten der Geburtstag des Gottes der Zeit und der Ewigkeit begangen.

Schon in der zweiten Hälfte des 4. Jahrhunderts wurden beide Geburtsfeste in den Kirchen des Ostens und des Westens jeweils beiderseits übernommen. Im Mittelalter treten die „Heiligen Drei Könige" besonders im deutschsprachigen Raum in den Vordergrund – vor allem seit ihre Leichname im Jahre 1164 von Mailand nach Köln überführt wurden. Während in mittelalterlichen Klöstern und Kirchen Dreikönigsspiele aufgeführt wurden, bildete sich in späterer Zeit der Brauch, Sternsinger durch die Gemeinden ziehen zu lassen, um die Häuser zu segnen. Noch heute ziehen die Kinder als Könige verkleidet mit einem großen Stern von Haus zu Haus, sammeln Spenden für Projekte in der sogenannten Dritten Welt, singen ihr Lied und schreiben mit Kreide C + M + B und die jeweilige Jahreszahl an die Tür. Das deutet nicht auf die Anfangsbuchstaben ihrer Namen hin, sondern ist die Abkürzung des uralten Segensspruches „Christus Mansionem Benedicat – Christus segne dieses Haus", Christus wende während des neuen Jahres in diesem Haus alles zum Guten. So erinnern die Sternsinger an die Geschichte der Weisen aus dem Osten, die sich aufmachten, um ihr Glück zu suchen, und erfuhren, daß ihre Reise unter einem guten Stern stand. Bis heute machen sie Mut, die Zeit zu nutzen, unternehmungs- und abenteuerlustig zu sein. Denn nur wer aufbricht und seiner Sehnsucht folgt, wird sein Glück finden und erfahren, daß sein Leben von guten Mächten wunderbar geborgen ist . . .

Von guten Mächten

Text: Dietrich Bonhoeffer 1944 (Originalfassung gekürzt).
Melodie: Siegfried Fietz. Musikrechte:
© ABAKUS Schallplatten & Ulmtal Musikverlag, 35753 Greifenstein
Textrechte: Christian-Kaiser-Verlag, München

1. Von gu-ten Mäch-ten still und treu um-ge-ben, be-hü-tet und ge-trö-stet wun-der-bar, so will ich die-se Ta-ge mit euch le-ben und mit euch ge-hen in ein neu-es Jahr. R.: Von gu-ten Mäch-ten wun-der-bar ge-bor-gen, er-war-ten wir ge-trost, was kom-men mag. Gott ist bei uns am A-bend und am Mor-gen und ganz ge-wiß an je-dem neu-en Tag.

2. Noch will das alte unsre Herzen quälen,
noch drückt uns böser Tage schwere Last.
Ach Herr, gib unsern aufgeschreckten Seelen
das Heil, für das du uns geschaffen hast.
Von guten Mächten ...

3. Doch willst du uns noch einmal
Freude schenken
an dieser Welt und ihrer Sonne Glanz,
dann wolln wir des Vergangenen gedenken,
und dann gehört dir unser Leben ganz.
Von guten Mächten ...

4. Laß warm und hell die Kerzen heute flammen,
die du in unsre Dunkelheit gebracht,
führ, wenn es sein kann, wieder uns zusammen.
Wir wissen es, dein Licht scheint in der Nacht.
Von guten Mächten ...

5. Wenn sich die Stille nun tief um uns breitet,
so laß uns hören jenen vollen Klang
der Welt, die unsichtbar sich um uns weitet,
all deiner Kinder hohen Lobgesang.
Von guten Mächten ...

Die rationierte Zeit

Eines Morgens gab es plötzlich keine Zeit mehr. Sie war einfach weg. Gott hatte die Menschen beim Wort genommen. Ohne Unterlaß hatten sie behauptet, sie hätten keine Zeit. Und weil Gott die Wahrheit liebt, hatte er eben diesen so oft behaupteten Zustand herbeigeführt. Jetzt war es wahr geworden, unheimlich wahr: Die Menschen hatten keine Zeit mehr.

Im ersten Schock stand alles Leben still. Nur langsam erholten sich die Menschen vom ersten Schreck und versuchten, im alten Stil weiterzuleben. Teilweise gelang es auch, aber nur ganz gespenstisch. Das Leben wurde zum Schattenspiel. Es war alles in Umrissen da, aber hatte keinen Inhalt. Arbeit und Freizeit huschten in Bewegungen vorbei, aber sie strahlten kein Leben und keine Wärme aus.

Eine etwas lebhaftere Bewegung geschah unter den erstarrten Menschen, als sich herausstellte, daß einige Privatleute wie auch die Behörden ein solches Verschwinden der Zeit im geheimen vorausgeahnt hatten. Sie hatten vorgesorgt und einen beschränkten Vorrat an Zeit auf die Seite gebracht.

Die Privatleute hatten Zeit gehamstert und verkauften einen Teil davon jetzt auf dem schwarzen Markt zu überhöhten Preisen. Den Rest benützten sie für sich, um das erschlichene Geld ausgiebiger verwerten zu können. Aber aus Angst, das bißchen Zeit könnte trotz des vielen Geldes dahinschwinden, lebten sie so rasch und intensiv, daß der Rest der gehamsterten Zeit bald ausgegangen war.

Die Behörden gingen natürlich weiser vor. Sie verkauften die Zeit nicht. Sie rationierten sie. Jedermann erhielt eine Wochenkarte, auf welcher sieben Zeitabschnitte eingeteilt waren. Gegen diese Karte erhielt er die entsprechende Zeit zur Verfügung. Sie reichte gerade zu den wichtigsten Tätigkeiten wie Essen und ein wenig Arbeiten und Schlafen. Ja, auch Schlafen. Denn diese Tätigkeit, die man vorher gar nicht als Tätigkeit betrachtet, sondern als selbstverständlichen Luxus hingenommen hatte, wurde nun eine gefährliche Angelegenheit. Wenn man sich nicht rechtzeitig ein paar Coupons für die Nacht reservierte, mußte man damit rechnen, daß irgendwann in der Nacht die Zeit wie eine Parkuhr endgültig abgelaufen und durch gar nichts mehr einzuholen war. Die meisten fürchteten sich deshalb vor der Nacht und blieben wach, um den wichtigsten Zeitpunkt nicht zu verpassen. Sie wählten die verschiedensten Formen der Unterhaltung für die Nacht und nannten das seltsamerweise „Zeitvertreib". Wahrscheinlich war das eine Abkürzung für das längere und ungewohntere Wort, das eigentlich hätte heißen sollen: „Die Angst vor dem Ende der Zeit zu vertreiben."

Durch die Wochenkarten hatte nun jedermann die nötige Zeit für sich und seinen Gebrauch. Doch damit kam die schmerzlichste Folge der rationierten Zeit zum Vorschein. Da die Zeit nur für jeden einzelnen reichte, hatte er wirklich und ernsthaft jetzt keine Zeit mehr für den andern. Jeder wachte eifersüchtig darüber, daß er die Zeit nur für sich aufbrauchte. Da konnte gar nichts mehr für den andern Menschen übrigbleiben. Man konnte wohl einem andern die Zeit schenken, aber dann hatte man für sich keine mehr. Man nannte das darum nicht bloß vergeudete, man nannte diese geschenkte Zeit verlorene Zeit. So blieb die Zeit dürr, leer und selbstsüchtig.

Nur ein paar, die sich liebhatten, fanden ein Geheimnis heraus. Sie schenkten sich nämlich gegenseitig die Zeit. Dabei kam keines zu kurz. Aber dieses Geheimnis entdeckten nur die paar, die sich liebhatten. Und es gelang auch nur ihnen, es voll auszukosten.

Das Leben wurde immer einsamer und trostloser, liebloser und leerer. Als aber die völlige Leere der Zeit vorgekommen war, schrien ein paar Menschen zu Gott, der die Zeit weggenommen hatte. Und sie riefen zu ihm: „Wir haben dich lange angelogen, als wir noch über Zeit verfügten und behauptet hatten, daß wir für dich und füreinander keine Zeit hätten. Du hast recht: wir verdienen keine Zeit mehr. Darum sind wir auch so leer und tot. Wir sind lebende Leichname. Die Zeit ist in deinen Händen. Wenn du sie uns nicht mehr weiterschenkst, sind wir am Ende. Wir können schon jetzt nicht mehr die Jahre nach Christi Geburt zählen, weil es keine Jahre mehr gibt. Was soll aus uns werden, wenn wir uns nicht mehr nach Christi Geburt datieren können? Die Zeit ist in deinen Händen. Laß sie doch wieder durch deine Finger auf uns rinnen."

Und Gott erbarmte sich noch einmal der Menschen und schenkte ihnen ein neues Jahr, ein Jahr nach Christi Geburt. Ein Jahr der Liebe und der Zeit füreinander.

Werner Reiser (leicht gekürzt)

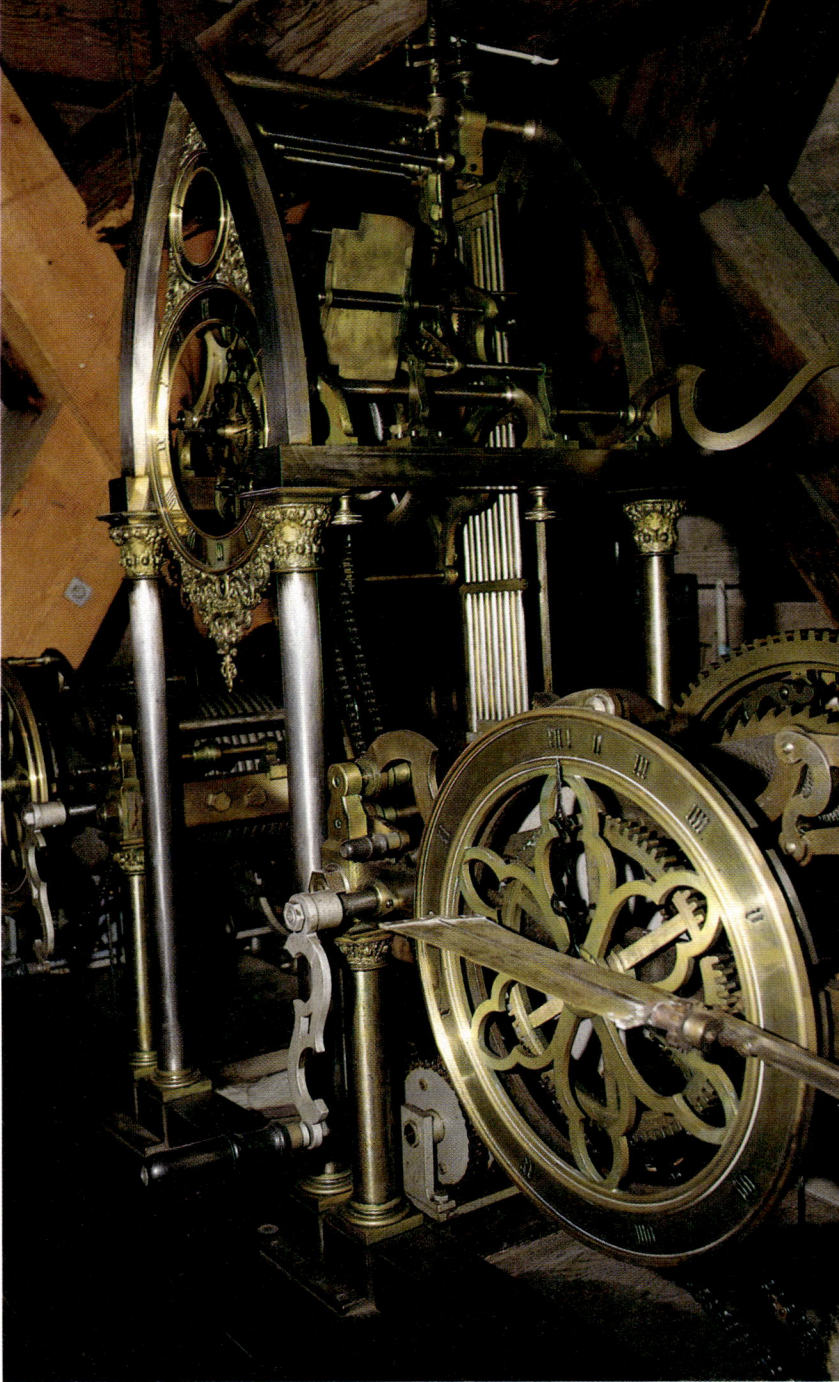

Momo kommt hin,
wo die Zeit herkommt

„Ich will dir ein Geheimnis anvertrauen", sagte Meister Hora zu Momo. „Hier aus dem Nirgend-Haus in der Niemals-Gasse kommt die Zeit aller Menschen."

Momo blickte ihn ehrfürchtig an.

„Oh", sagte sie leise, „machst du sie selbst?"

Meister Hora lächelte wieder. „Nein, mein Kind, ich bin nur der Verwalter. Meine Pflicht ist es, jedem Menschen die Zeit zuzuteilen, die ihm bestimmt ist."

Momo blickte sich im Saal um, dann fragte sie: „Hast du dazu die vielen Uhren? Für jeden Menschen eine, ja?"

„Nein, Momo", erwiderte Meister Hora, „diese Uhren sind nur eine Liebhaberei von mir. Sie sind höchst unvollkommene Nachbildungen von etwas, das jeder Mensch in seiner Brust hat. Denn so wie ihr Augen habt, um das Licht zu sehen, und Ohren, um Klänge zu hören, so habt ihr ein Herz, um damit die Zeit wahrzunehmen. Und alle Zeit, die nicht mit dem Herzen wahrgenommen wird, ist so verloren wie die Farben des Regenbogens für einen Blinden oder das Lied eines Vogels für einen Tauben. Aber es gibt leider blinde und taube Herzen, die nichts wahrnehmen, obwohl sie schlagen."

Meister Hora blickte Momo lange an, dann fragte er: „Möchtest du sehen, wo die Zeit herkommt?"

„Ja", flüsterte sie.

„Ich werde dich hinführen", sagte Meister Hora. „Aber an jenem Ort muß man schweigen. Man darf nichts fragen und nichts sagen. Versprichst du mir das?"

Momo nickte stumm.

Da beugte Meister Hora sich zu ihr herunter, hob sie hoch und nahm sie fest in seine Arme. Er schien ihr auf einmal sehr groß und unaussprechlich alt, aber nicht wie ein alter Mann, sondern wie ein uralter Baum oder wie ein Felsenberg. Dann deckte er ihr mit der Hand die Augen zu, und es fühlte sich an wie leichter, kühler Schnee, der auf ihr Gesicht fiel.

Momo war es, als ob Meister Hora mit ihr durch einen langen dunklen Gang schritte. Aber sie fühlte sich ganz geborgen und hatte keine Angst. Anfangs meinte sie, das Pochen ihres eigenen Herzens zu hören, aber dann schien es ihr mehr und mehr, als sei es in Wirklichkeit der Widerhall von Meister Horas Schritten.

Es war ein langer Weg, aber schließlich setzte er Momo ab. Sein Gesicht war nahe vor dem ihren, er blickte sie groß an und hatte den Finger an die Lippen gelegt. Dann richtete er sich auf und trat zurück.

Goldene Dämmerung umgab sie.

Nach und nach erkannte Momo, daß sie unter einer gewaltigen, vollkommen runden Kuppel stand, die ihr so groß schien wie das ganze Himmelsgewölbe. Und diese riesige Kuppel war aus reinstem Gold.

Hoch oben in der Mitte war eine kreisrunde Öffnung, durch die eine Säule von Licht senkrecht herniederfiel auf einen ebenso kreisrunden Teich, dessen schwarzes Wasser glatt und reglos lag wie ein dunkler Spiegel.

Dicht über dem Wasser funkelte etwas in der Lichtsäule wie ein heller Stern. Es bewegte sich mit majestätischer Langsamkeit dahin, und Momo erkannte ein ungeheures Pendel, welches über dem schwarzen Spiegel hin- und zurückschwang. Aber es war nirgends aufgehängt. Es schwebte und schien ohne Schwere zu sein.

Als der Sternenpendel sich nun langsam immer mehr dem Rande des Teiches näherte, tauchte dort aus dem dunklen Wasser eine große Blütenknospe auf. Je näher das Pendel

kam, desto weiter öffnete sie sich, bis sie schließlich voll erblüht auf dem Wasserspiegel lag.

Es war eine Blüte von solcher Herrlichkeit, wie Momo noch nie zuvor eine gesehen hatte. Sie schien aus nichts als leuchtenden Farben zu bestehen. Momo hatte nie geahnt, daß es diese Farben überhaupt gab. Das Sternenpendel hielt eine Weile über der Blüte an, und Momo versank ganz und gar in den Anblick und vergaß alles um sich her. Der Duft allein schien ihr wie etwas, wonach sie sich immer gesehnt hatte, ohne zu wissen, was es war.

Doch dann schwang das Pendel langsam, langsam wieder zurück. Und während es sich ganz allmählich entfernte, gewahrte Momo zu ihrer Bestürzung, daß die herrliche Blüte anfing zu verwelken. Ein Blatt nach dem anderen löste sich und versank in der dunklen Tiefe. Momo empfand es so schmerzlich, als ob etwas Unwiederbringliches für immer von ihr fortginge.

Als das Pendel über der Mitte des schwarzen Teiches angekommen war, hatte die herrliche Blüte sich vollkommen aufgelöst. Gleichzeitig aber begann auf der gegenüberliegenden Seite eine Knospe aus dem dunklen Wasser aufzusteigen. Und als das Pendel sich dieser nun langsam näherte, sah Momo, daß es eine noch viel herrlichere Blüte war, die da aufzubrechen begann. Das Kind ging um den Teich herum, um sie aus der Nähe zu betrachten.

Sie war ganz und gar anders als die vorhergehende Blüte. Auch ihre Farben hatte Momo noch nie zuvor gesehen, aber es schien ihr, als sei diese hier noch viel reicher und kostbarer. Sie duftete ganz anders, viel herrlicher, und je länger Momo sie betrachtete, um so mehr wundervolle Einzelheiten entdeckte sie.

Aber wieder kehrte das Sternenpendel um, und die Herrlichkeit verging und löste sich auf und versank, Blatt für Blatt, in den unergründlichen Tiefen des schwarzen Teiches.

Langsam, langsam wanderte das Pendel zurück auf die Gegenseite, aber es erreichte nun nicht mehr dieselbe Stelle wie vorher, sondern es war um ein kleines Stück weitergewandert. Und dort, einen Schritt neben der ersten Stelle, begann abermals eine Knospe aufzusteigen und sich allmählich zu entfalten.

Diese Blüte aller Blüten, ein einziges Wunder! Momo hätte am liebsten laut geweint, als sie sehen mußte, daß auch diese Vollkommenheit anfing, hinzuwelken und in den dunklen Tiefen zu versinken. Aber sie erinnerte sich an das Versprechen, das sie Meister Hora gegeben hatte, und schwieg still.

Auch auf der Gegenseite war das Pendel nun einen Schritt weiter gewandert, und eine neue Blume stieg aus den dunklen Wassern auf.

Allmählich begriff Momo, daß jede neue Blume immer ganz anders war als alle vorherigen, und daß ihr jeweils diejenige, die gerade blühte, die allerschönste zu sein schien.

In diesem Augenblick sah sie Meister Hora, der ihr schweigend mit der Hand winkte. Sie stürzte auf ihn zu, er nahm sie auf den Arm, und sie verbarg ihr Gesicht an seiner Brust. Wieder legten sich seine Hände schneeleise auf ihre Augen, und es wurde dunkel und still, und sie fühlte sich geborgen. Er ging mit ihr den langen Gang zurück.

Als sie wieder in dem kleinen Zimmer zwischen den Uhren waren, bettete er sie auf das zierliche Sofa.

„Meister Hora", flüsterte Momo, „ich hab' nie gewußt, daß die Zeit aller Menschen so ..." – sie suchte nach dem richtigen Wort und konnte es nicht finden – „so groß ist", sagte sie schließlich.

„Was du gesehen und gehört hast, Momo", antwortete Meister Hora, „das war nicht die Zeit aller Menschen. Es war nur deine eigene Zeit. In jedem Menschen gibt es diesen Ort, an dem du eben warst. Aber dort hinkommen kann nur, wer sich von mir tragen läßt. Und mit gewöhnlichen Augen kann man ihn nicht sehen."

„Aber wo war ich denn?"

„In deinem eigenen Herzen", sagte Meister Hora und strich ihr sanft über ihr struppiges Haar ...

Michael Ende

Wir machen Zeit

Ja, Zeit kann man machen. Das ist eine weithin in Vergessenheit geratene Kunst, im Grunde aber ganz einfach. Man darf die Zeit nicht nach den Stunden und Tagen betrachten, die vergehen, sondern umgekehrt nach dem, was entsteht, nach den vielen Ereignissen und Erlebnissen, die so leicht im Alltagstrubel untergehen. Nehmen Sie sich doch einfach einmal Zeit für sich und Ihre Familie. Je regelmäßiger Sie das tun, desto mehr Zeit entsteht. Was hindert eigentlich daran, während des Jahres eine regelmäßige Zeit zu finden, in der man als Familie zusammen ist, spielt, spaziert, erzählt, bastelt oder gemeinsam ein Buch liest? Hier einige Beispiele für die Zeit zwischen den Jahren.

Setzen Sie sich zum Ende des Jahres mit Ihrer Familie im abgedunkelten Wohnzimmer gemütlich zusammen. Auf dem Tisch stehen zwölf Kerzen und ein Kalender, in den alle Familienereignisse eingetragen sind. Der Kalender geht reihum. Einer liest jeweils vor, was in den Monaten alles los war. Immer, wenn ein Monat abgeschlossen ist, wird eine Kerze angezündet. Statt der Kerzen kann man auch vorbereitete Stundenblumen auf einen Plakatkarton aufkleben, die mit einer kleinen Geschichte, einem selbstgemalten Bild oder einem Foto das entsprechende Ereignis festhalten. Von Monat zu Monat wird dabei deutlicher, was im vergangenen Jahr alles gewachsen ist.

Den Jahresrückblick kann man auch als Silvesterrätsel gestalten. Schreiben Sie die schönsten Erlebnisse des vergangenen Jahres als Stichwort mit dem betreffenden Datum auf einen Zettel. Daraus basteln Sie dann – am besten auf einem großen Plakatkarton – ein Kreuzworträtsel. Vor die jeweiligen Kästchen schreiben Sie das Datum. Alle gemeinsam erraten die gesuchten Worte. Wer sich erinnert, darf erzählen.

Vielleicht möchten Sie auch gemeinsam eine Familienchronik schaffen. Suchen Sie Fotos zusammen, die Sie während des vergangenen Jahres gemacht haben. Denken Sie gemeinsam darüber nach, welche Erlebnisse Sie auf keinen Fall vergessen möchten. Gestalten Sie mit diesem Material jeweils ein Blatt für jeden Monat. Mit der Zeit entsteht dabei ein Familienalbum, wie es persönlicher kaum sein kann.

Natürlich können Sie die 365 funkelnagelneuen Tage auch zum Anlaß nehmen, einen Familienterminkalender zu basteln. Keine Angst. Der soll Sie nicht unter Druck bringen, sondern inspirieren. Jeder Monat bekommt ein Motto, unter dem man als Familie aktiv werden will, z.B. „Winterzeit – Märchenzeit" für den Januar oder „Weniger ist mehr" für die Zeit vor Ostern. Sammeln Sie jeweils Ideen für die einzelnen Monate. Sie werden sehen, Zeit machen macht viel Spaß und Ihr Leben abwechslungsreicher, bunter und interessanter.

Es führt' drei König' Gottes Hand

Text und Melodie:
Kölner Gesangbuch (1623)

1. Es führt' drei Kö-nig' Got-tes Hand mit ei-nem Stern aus Mor-gen-land zum Christ-kind durch Je-ru-sa-lem in ei-nen Stall nach Bet-le-hem. „Gott, führ uns auch zu die-sem Kind und mach aus uns sein Hof-ge-sind."

2. Der Stern war groß und wunderschön,
im Stern ein Kind mit einer Kron',
ein gülden Kreuz sein Zepter war
und alles wie die Sonne klar.
„O Gott, erleucht vom Himmel fern
die ganze Welt mit diesem Stern."

3. Aus Morgenland in aller Eil',
kaum dreizehn Tag, viel hundert Meil,
bergauf, bergab, durch Reif und Schnee,
Gott suchen sie durch Meer und See.
„Zu dir, o Gott, kein' Pilgerfahrt
noch Weg noch Steg laß werden hart."

4. Herodes sie kein' Uhr noch Stund'
in seinem Hof aufhalten kunnt:
des Königs Hof sie lassen stehn,
geschwind, geschwind zur Krippen gehn.
„Gott, laß uns auch nicht halten ab
vom guten Weg bis zu dem Grab."

5. Sobald sie kamen zu dem Stall,
auf ihre Knie sie fielen all;
dem Kind sie brachten alle drei
Gold, Weihrauch, Myrrhen, Spezerei.
„O Gott, nimm auch von uns für gut
Herz, Leib und Seel', Gut, Ehr' und Blut."

6. Maria hieß sie willkomm' sein,
legt' ihn' ihr Kind ins Herz hinein:
das war ihr Zehrung auf dem Weg
und frei Geleit durch Weg und Steg.
„Gott, gib uns auch das Himmelsbrot
zur Stärkung in der letzten Not."

Das Weihnachtsevangelium nach Matthäus

Als Jesus zur Zeit des Königs Herodes in Betlehem in Judäa geboren worden war, kamen Sterndeuter aus dem Osten nach Jerusalem und fragten: Wo ist der neugeborene König der Juden? Wir haben seinen Stern aufgehen sehen und sind gekommen, um ihm zu huldigen. Als König Herodes das hörte, erschrak er und mit ihm ganz Jerusalem. Er ließ alle Hohenpriester und Schriftgelehrten des Volkes zusammenkommen und erkundigte sich bei ihnen, wo der Messias geboren werden solle. Sie antworteten ihm: In Betlehem in Judäa; denn so steht es bei dem Propheten:

Du, Betlehem im Gebiet von Juda, bist keineswegs die unbedeutendste unter den führenden Städten von Juda; denn aus dir wird ein Fürst hervorgehen, der Hirt meines Volkes Israel.

Danach rief Herodes die Sterndeuter heimlich zu sich und ließ sich von ihnen genau sagen, wann der Stern erschienen war. Dann schickte er sie nach Betlehem und sagte: Geht und forscht sorgfältig nach, wo das Kind ist; und wenn ihr es gefunden habt, berichtet mir, damit auch ich hingehe und ihm huldige. Nach diesen Worten des Königs machten sie sich auf den Weg. Und der Stern, den sie hatten aufgehen sehen, zog vor ihnen her bis zu dem Ort, wo das Kind war; dort blieb er stehen. Als sie den Stern sahen, wurden sie von sehr großer Freude erfüllt. Sie gingen in das Haus und sahen das Kind und Maria, seine Mutter; da fielen sie nieder und huldigten ihm. Dann holten sie ihre Schätze hervor und brachten ihm Gold, Weihrauch und Myrrhe als Gaben dar. Weil ihnen aber im Traum geboten wurde, nicht zu Herodes zurückzukehren, zogen sie auf einem anderen Weg heim in ihr Land.

Matthäus 2,1–12

Drei merkwürdige Gäste und ein guter Stern

Die vornehmen Leute aus dem Osten hatten den Stall und die Krippe noch nicht lange verlassen, da trug sich eine seltsame Geschichte in Betlehem zu, die in keinem Buch verzeichnet ist. Wie die Reitergruppe der Könige gerade am Horizont verschwand, näherten sich drei merkwürdige Gestalten dem Stall. Die erste trug ein buntes Flickenkleid und kam langsam näher. Zwar war sie wie ein Spaßmacher geschminkt, aber eigentlich wirkte sie hinter ihrer lustigen Maske sehr, sehr traurig. Erst als sie das Kind sah, huschte ein leises Lächeln über ihr Gesicht. Vorsichtig trat sie an die Krippe heran und strich dem Kind zärtlich über das Gesicht. „Ich bin die Lebensfreude", sagte sie. „Ich komme zu dir, weil die Menschen nichts mehr zu lachen haben. Sie haben keinen Spaß mehr am Leben. Alles ist so bitterernst geworden." Dann zog sie ihr Flickengewand aus und deckte das Kind damit zu. „Es ist kalt in dieser Welt. Vielleicht kann dich der Mantel des Clowns wärmen und schützen."

172

Darauf trat die zweite Gestalt vor. Wer genau hinsah, bemerkte ihren gehetzten Blick und spürte, wie sehr sie in Eile war. Als sie aber vor das Kind in der Krippe trat, schien es, als falle alle Hast und Hektik von ihr ab. „Ich bin die Zeit", sagte die Gestalt und strich dem Kind zärtlich über das Gesicht. „Eigentlich gibt es mich kaum noch. Die Zeit, sagt man, vergeht wie im Flug. Darüber haben die Menschen aber ein großes Geheimnis vergessen. Zeit vergeht nicht, Zeit entsteht. Sie wächst wie die Blumen und Bäume. Sie wächst überall dort, wo man sie teilt." Dann griff die Gestalt in ihren Mantel und legte ein Stundenglas in die Krippe. „Man hat wenig Zeit in dieser Welt. Diese Sanduhr schenke ich dir, weil es noch nicht zu spät ist. Sie soll dir ein Zeichen dafür sein, daß du immer soviel Zeit hast, wie du dir nimmst und anderen schenkst."

Dann kam die dritte Gestalt an die Reihe. Sie hatte ein geschundenes Gesicht voller dicker Narben, so als ob sie immer und immer wieder geschlagen worden wäre. Als sie aber vor das Kind in der Krippe trat, war es, als heilten die Wunden und Verletzungen, die ihr das Leben zugefügt haben mußte. „Ich bin die Liebe", sagte die Gestalt und strich dem Kind zärtlich über das Gesicht. „Es heißt, ich sei viel zu gut für diese Welt. Deshalb tritt man mich mit Füßen und macht mich fertig." Während die Liebe so sprach, mußte sie weinen, und drei dicke Tränen tropften auf das Kind. „Wer liebt, hat viel zu leiden in dieser Welt. Nimm meine Tränen. Sie sind wie das Wasser, das den Stein schleift. Sie sind wie der Regen, der den verkrusteten Boden wieder fruchtbar macht und selbst die Wüste zum Blühen bringt."

Da knieten die Lebensfreude, die Zeit und die Liebe vor dem Kind des Himmels. Drei merkwürdige Gäste brachten dem Kind ihre Gaben dar. Das Kind aber schaute die drei an, als ob es sie verstanden hätte. Plötzlich drehte sich die Liebe um und sprach zu den Menschen, die dabeistanden: „Man wird dieses Kind zum

Narren machen, man wird es um seine Lebenszeit bringen, und es wird viel leiden müssen, weil es bedingungslos lieben wird. Aber weil es Ernst macht mit der Freude und weil es seine Zeit und Liebe verschwendet, wird die Welt nie mehr so wie früher sein. Wegen dieses Kindes steht die Welt unter einem neuen, guten Stern, der alles andere in den Schatten stellt." Darauf standen die drei Gestalten auf und verließen den Ort. Die Menschen aber, die all das miterlebt hatten, dachten noch lange über diese rätselhaften Worte nach …

Es ist für uns eine Zeit angekommen

Text und Melodie: Sternsingerlied
aus dem Luzerner Wiggertal (Schweiz)

1. Es ist für uns ei-ne Zeit an-ge-kom-men, die bringt für uns ei-ne gro-ße Gnad: un-sern Hei-land Je-sus Christ, der für uns, der für uns, der für uns Mensch ge-wor-den ist.

2. In einer Krippe der Heiland muß liegen
auf Heu und Stroh in der kalten Nacht.
Zwischen Ochs und Eselein
liegest du, liegest du,
liegest du, armes Jesulein.

3. Es kommen Könige, ihn anzubeten,
ein Stern führt sie nach Betlehem.
Kron und Zepter legen sie ab,
bringen ihm, bringen ihm,
bringen ihm ihre Opfergab.

Ein Stern hat uns den Weg gezeigt

Text: Rolf Krenzer. Musik: Ludger
Edelkötter aus: Kinderlieder – Kinderspiele
© Impulse-Musikverlag, Drensteinfurt

1. Ein Stern hat uns den Weg ge-zeigt, da-mit sich kei-ner irrt. Der Stern hat uns den Weg ge-zeigt, der uns zum Kö-nig führt.

Refrain Ein Kind ist ge-bo-ren. Wir kün-den da-von. Das Kind ist der Kö-nig und Got-tes Sohn. Got-tes Sohn.

2. Ein heller Stern zeigt uns den Weg,
wenn wir zum Himmel schaun.
Der helle Stern zeigt uns den Weg,
ihm können wir vertraun.
Ein Kind ist geboren ...

3. Wir folgen diesem hellen Stern.
Er leuchtet wunderbar.
Wir wünschen allen Menschen gern
ein gutes neues Jahr!
Ein Kind ist geboren ...

Die Legende vom ersten Weihnachtslied

Damals, als die drei Könige den Stern am Himmel erblickt hatten, der von der Geburt des Königs des Himmels und der Erde erzählte, da machten sie sich gleich auf, um zu ihm zu reisen und ihn anzubeten. Und weil sie diesem neugeborenen König große Ehre erweisen wollten, nahmen sie auch kostbare Geschenke für ihn mit. Der Weg war weit. Doch sie vertrauten dem Stern, der ihnen nachts deutlich zeigte, wohin sie gehen mußten.

So kamen sie endlich auch in Betlehem an und standen dann in dem Stall um die Krippe herum und mußten erkennen, daß Gottes Sohn, der König des Himmels und der Erde, hier im Stroh in einer Futterkrippe lag. Ein winziges Kind, um das sich Maria und Josef sorgten und zu dem die Ärmsten der Armen gekommen waren, um es zu begrüßen und anzubeten.

Umständlich packten die drei Könige die Geschenke aus, die sie dem Kind mitgebracht hatten: Gold, Weihrauch und Myrrhe. Aber als sie dann das kleine Kind in der Krippe anschauten, da wußten sie wohl, daß das Kind jetzt nichts, aber auch rein gar nichts damit anfangen konnte. Was soll schon ein Säugling mit Gold, Weihrauch oder Myrrhe anfangen?

Doch die Könige waren nicht nur klug und weise, sondern hörten auch auf das, was ihnen ihr Herz sagte. Wie hätten sie sonst den Stern am Himmel erkennen und deuten können!

So luden sie ihre kostbaren Schätze in einem Winkel im Stall ab und beugten sich dann über die Krippe. Der erste König strich dem Kind zart über den Kopf und sagte ihm, wie sehr sie sich alle freuten, daß nun der König des Himmels und der Erde hier vor ihnen lag. Der zweite König hob das Kind aus seiner Krippe heraus, drückte es an sich und streichelte es ganz zart. Der dritte König nahm es auf seinen Arm, schaukelte das Kind ganz leicht und behutsam hin und her und begann dazu leise zu singen. Bald sangen auch die beiden anderen mit.

Und so sangen sie in dem Stall dem Kind ein Lied, das davon erzählte, wie sehr sich alle über dieses Kind freuten. Die Melodie und der Gesang der drei waren aber so schön, daß bald auch Maria und Josef und alle, die im Stall dabei waren, leise mitsangen. Und das Kind auf dem Arm des dritten Königs lächelte, weil es spürte, wie lieb sie alle es hatten.

So haben die Könige einst im Stall von Betlehem das erste Weihnachtslied gesungen. Das war ihr Geschenk, und es machte alle im Stall froh.

Bis zum heutigen Tag singen wir Weihnachtslieder, weil wir uns so sehr wie die drei Könige damals freuen.

Rolf Krenzer

Kuchen und Kronen
für kleine Könige von heute

Neben dem Sternsingen gehört der Königskuchen zu den weitestverbreiteten Bräuchen rund um das Dreikönigsfest. Der Bohnenkuchen, wie er auch genannt wird, war ursprünglich ein kultisches Gebäck, das den Toten mitgegeben wurde auf ihre letzte lange Reise. Heute ist es vielerorts Sitte, in einem Kuchen eine weiße und eine schwarze Bohne zu verstecken. Wer beim Essen des Kuchens die schwarze Bohne findet, wird zum König, wer die weiße Bohne entdeckt, zur Königin gekürt. Zum Spaß aller Anwesenden ernennen die frischgebackenen Hoheiten gemeinsam ihren Hofstaat und bestimmen, wie der Tag gestaltet wird.

Hier und da wird der Dreikönigskuchen auch von Bäckern und Konditoren hergestellt, die kleine Königsfiguren in den Teig einbacken. Wenn Sie Ihren Königskuchen selber backen wollen, bereiten Sie einfach einen süßen Hefeteig vor. Teilen Sie den Teig nach dem Aufgehen in Portionen, und formen Sie Kugeln daraus. Die größte Kugel bildet das Zentrum des Kuchens, die kleineren den Kranz. In einer der Kugeln verstecken Sie die schwarze, in einer anderen Kugel die weiße Bohne. Lassen Sie den so vorbereiteten Kuchen etwa 20 Minuten kühl stehen. Anschließend streichen Sie ihn mit Ei oder Milch ein, bestreuen ihn mit etwas Mandelsplitter und backen ihn bei 200 Grad im vorgeheizten Backofen 35 Minuten goldbraun.

Ein rechter Königskuchen will vor der Königssuche aber noch gekrönt werden. Schneiden Sie die Grundform der Krone aus einem genügend großen Streifen goldener Metallfolie aus. Mit Hilfe von Nägel- und Schraubenköpfen und einem Schraubenzieher können Sie prägnante Prägungen aufbringen. Natürlich können Sie auf die gleiche Weise die Kronen für die Sternsinger anfertigen. Die Krone muß dann einfach in einer dem jeweiligen Kopfumfang entsprechenden Länge aufgezeichnet und ausgeschnitten werden.

Und nun: Guten Appetit. Seien Sie gespannt, wer bei Ihnen von jetzt auf gleich zum gekrönten Haupt wird und was seine Herrschaft bringt.

Ein Neujahrswunsch

Ich wünsche dir Zeit

Ich wünsche dir nicht alle möglichen Gaben.
Ich wünsche dir nur,
was die meisten nicht haben:
Ich wünsche dir Zeit,
dich zu freun und zu lachen,
und wenn du sie nützt,
kannst du etwas draus machen.

Ich wünsche dir Zeit
für dein Tun und dein Denken,
nicht nur für dich selbst,
sondern auch zum Verschenken.
Ich wünsche dir Zeit,
nicht zum Hasten und Rennen,
sondern die Zeit zum Zufriedenseinkönnen.

Ich wünsche dir Zeit,
nicht nur so zum Vertreiben.
Ich wünsche, sie möge dir übrigbleiben
als Zeit für das Staunen und Zeit für Vertraun,
anstatt nach der Zeit auf der Uhr
nur zu schaun.

Ich wünsche dir Zeit,
nach den Sternen zu greifen,
und Zeit, um zu wachsen,
das heißt, um zu reifen.
Ich wünsche dir Zeit,
neu zu hoffen, zu lieben.
Es hat keinen Sinn,
diese Zeit zu verschieben.

Ich wünsche dir Zeit,
zu dir selber zu finden,
jeden Tag, jede Stunde als Glück
zu empfinden.
Ich wünsche dir Zeit,
auch um Schuld zu vergeben.
Ich wünsche dir: Zeit zu haben zum Leben!

Elli Michler

Das ABC der Advents- und Weihnachtszeit

Backen

Bratäpfel 18
Dreikönigskuchen 176
Knusperhaus 100
Spekulatius 60
Spritzgebäck 82
Sternenplätzchen 68
Vollwertküchlein 82
Walnuß-Makronen 82
Weckmänner 19
Zimtsterne 68

Basteln

Adventskalender
  Adventsdorf 41
  Kerzenkinder 38
  Mäuseweihnacht 39
  Nikolaus 40
  Tannenbaum 37

Adventskränze
  Hängekranz mit weißen
  Bändern 32
  Tischkranz mit Kugelkerzen 31
  Weidenkranz mit Goldkerzen 29

Dreikönigskronen 176

Fensterbilder
  Fensterkrippenbild 73
  Schaukelpferd 71
  Sternenkranz 72

Geschenke verpacken
  Der Umwelt zuliebe –
  Packpapier bedrucken und
  bemalen 106
  Geschenkanhänger 103
  Geschenke ganz persönlich
  verpackt 102
  Phantasievolle Verpackungen aus
  Papierluftschlangen 104

Martinslaternen
  Aus alt mach neu 21
  Ballonlaternen 24
  1001 Idee für Laternen aus 1001
  Nacht 23

Nikolaus

  Lauter nette Nikoläuse 58
  Nikolausstiefel voller
  Überraschungen 57

Weihnachtsbäume
  Da steckt Musik drin 122
  Ein bunter
  Weihnachtsspielzeugbaum 126
  Umwelt pur – natürlich
  Natur 124
  Weihnachtsduftgewürzbaum 125

Weihnachtsgrußkarten
  Weihnachtswünsche, die von
  Herzen kommen 86
  Nikolaus und
  Wichtelmännchen 87
  O Tannenbaum 89
  Stadt in Weihnachtsstimmung 88

Weihnachtsschmuck
  Farbenfrohe Fröbelsterne 117
  Regenbogensterne – Phantasie in
  Papier 116
  Strohsterne mit Bogen 115
  Strohsterne mit
  Sternenkranz 114

Biblische Texte

Das Weihnachtsevangelium nach
  Lukas 135
Die Weihnachtsgeschichte 136
Das Weihnachtsevangelium nach
  Matthäus 171

Brauchtum

Sankt Martin
  Mitleid, das sich mitteilt 10

Advent
  Lebenszeichen oder Der Zauber
  einer geheimnisvollen Zeit 28
  Wie der erste Adventskranz
  erfunden wurde 30
  Ein Adventskalender für den
  kleinen Gerhard 35

1. Advent: Unvergessen
  selbstvergessen –
  Barbara und Nikolaus 44
Sankt Barbara – Blüten mitten im
  Winter 47
Die Legende von Nikolaus und
  den drei Säcken 51
2. Advent: Die Liebe ist ganz
  leise – Sankt Luzia 62
Ein Lichtblick – die Legende von
  Sankt Luzia 65
3. Advent: Worauf warten wir
  noch?! 76
Von Wunschzetteln und allerlei
  Weihnachtswichtelei 85
4. Advent: Zärtliche Zeugen der
  Zuneigung – Geschenke 92

Weihnachten
  Wendezeit Weihnachten 110
  Zeichen einer neuen Zeit –
  Strohsterne 112
  Der erste Weihnachtsbaum 119
  Der Heilige Abend: Mach's wie
  Gott, werde Mensch! 130
  Die Legende von der ersten
  Weihnachtskrippe 133
  Den Heiligen Abend in der
  Familie feiern 144
  Die Weihnachtstage:
  Weihnachten, eine Geschichte,
  die das Leben selber schrieb 148

Jahreswechsel
  Unterwegs von Zeit zu Zeit 162

Dreikönige
  Unterwegs von Zeit zu Zeit 162
  Kuchen und Kronen für kleine
  Könige von heute 176

Gedichte

Alles hat seine Zeit – ein
  Neujahrswunsch 177
Andeutung 78
Ballade vom Soldaten und dem
  Schwert 12
Da hat der Himmel die Erde
  geküßt 137
Das Weihnachtspäckchen 102
Daß dein Geschenk du selber
  bist 94
Niklaus, Niklaus, guter Mann 52
Tannengeflüster 121

Vorweihnachtstrubel 74
Wann fängt Weihnachten an? 78
Weihnachtsnacht 146
Weihnachtswunsch 81
Wie können wir Weihnachten
   feiern 74
Wieder Weihnachten 146
Winter hält das Land
   gefangen 48

Geschichten

Da fängt der Himmel an 158
Der erste Weihnachtsbaum 119
Der letzte Weihnachtsbaum 120
Der Tag, an dem der
   Osterhase dem Nikolaus
   half 54
Die Erfahrung der Stille 73
Die Geschichte von dem
   Engel, der immer zu spät
   kam 151
Die Kerze, die nicht brennen
   wollte 25
Die Kupfermünze 106
Die Legende vom ersten
   Weihnachtslied 175
Die Legende von der ersten
   Weihnachtskrippe 133
Die Legende von Nikolaus und
   den drei Säcken 51
Die rationierte Zeit 164
Die Sterntaler 17
Drei merkwürdige Gäste und ein
   guter Stern 172
Ein Adventskalender für den
   kleinen Gerhard 35
Ein kleiner Traum *oder* Gottes
   größtes Geschenk 97
Ein Lichtblick – die Legende von
   Sankt Luzia 65
Karolins Wunschzettel 80
Komm, wir teilen uns die
   Laterne 14
Momo kommt hin, wo die Zeit
   herkommt 166
Sankt Barbara – Blüten mitten im
   Winter 47
Vom Engel, der am
   Weihnachtsabend weinte 139
Vom König, der Gott sehen
   wollte 90
Von Menschen, die wunschlos
   unglücklich waren 79

Was man mit einem
   Soldatenmantel auch tun
   kann 13
Weihnachtsgeschenke 94
Wie der alte Weihnachtsstern auf
   dem Müll landete 128
Wie der erste Adventskranz
   erfunden wurde 30
Wie die Stille stumm wurde 66
Wie Nikolaus Spekulatius
   buk 60
Zeichen einer neuen Zeit 112

Gestaltungstips

Den Heiligen Abend in der
   Familie feiern 144
Heut ist Nikolaus-Abend da 56
Kuchen und Kronen für kleine
   Könige von heute 176
Phantasiereisen – ein etwas
   anderer Adventsabend 99
Riechen – schmecken – fühlen:
   Leckerei aus der Weihnachts-
   bäckerei 68
Sankt-Martins-Laternenfest 18
Schauen – lauschen – schweigen:
   Stillespiele für leise Leute 67
Spiel, Spaß, Spannung und
   Spazieren: Ein Weihnachts-
   nachmittag für die Familie 157
Von Wunschzetteln und allerlei
   Weihnachtswichtelei 85
Wir machen Zeit 169

Lieder

Adventlied 34
Alle Jahre wieder 150
Alle Knospen springen auf 46
Am Weihnachtsbaum die Lichter
   brennen 118
Da draußen weht der Wind so
   kalt 16
Der Advent ist da 83
Dich rufen wir, Sankt Nikolaus 53
Eine Kerze zünde an 34
Ein Stern hat uns den Weg
   gezeigt 174
Es führt' drei König' Gottes
   Hand 170
Es ist für uns eine Zeit
   angekommen 174

Fröhliches Weihnachtslied 149
Geheimnisse und Wünsche vor
   Weihnachten 84
Goldnes Licht auf grünen
   Zweigen 33
Ich geh' mit meiner Laterne 15
Ich steh an deiner Krippe
   hier 132
Ihr Kinderlein, kommet 131
Kling, Glöckchen,
   klingelingeling 150
Klopf, klopf, klopf 53
Laßt uns froh und munter
   sein 49
Laterne, Laterne 15
Leise rieselt der Schnee 63
Mache dich auf und werde
   licht 64
Morgen, Kinder, wird's was
   geben 111
O du fröhliche, o du selige 138
O Heiland, reiß die Himmel
   auf 96
O Tannenbaum 118
Sankt Martin 11
Stille Nacht, heilige Nacht 138
Voll Freude ist das ganze
   Haus 50
Vom Himmel hoch, da komm ich
   her 143
Von guten Mächten wunderbar
   geborgen 163
Vor dem Adventskalender 42
Was schenk ich dir zu
   Weihnachten? 93
Weihnachten ist nicht mehr
   weit 111
Wir öffnen unsre Herzen 63
Wir sagen euch an den lieben
   Advent 77
Wir zünden eine Kerze an 64
Zu Betlehem geboren 131

Quellenverzeichnis

S. 12, *Krenzer,* © Rolf Krenzer, Dillenburg

S. 14, *Cratzius,* aus: Barbara Cratzius, Herbst im Kindergarten. © Herder, Freiburg i.Br. 4. Auflage 1991

S. 48, *Cratzius,* aus: Barbara Cratzius, Uns gefällt die Weihnachtszeit. © Herder, Freiburg i.Br. 2. Auflage 1992

S. 54f, 151ff, *Schwarz,* aus: Andrea Schwarz, Der Tag, an dem der Osterhase dem Nikolaus half und andere Erzählungen zur Weihnachtszeit. © Herder, Freiburg i.Br. 2. Auflage 1992

S. 74, 78, 94, 120f, 146, *Krenzer,* aus: Rolf Krenzer (Hg.), Die schönsten Geschichten zur Advents- und Weihnachtszeit. Ein Lese- und Erzählbuch. © Herder, Freiburg i.Br. 1992

S. 74, 80f, *Scheffler,* aus: Ursel Scheffler, Adventskalendergeschichten. © Herder, Freiburg i.Br. 2. Auflage 1992

S. 78, *Willms,* aus: Wilhelm Willms, meine schritte kreisen um die mitte. neue lieder im alten land. © Verlag Butzon & Bercker, Kevelaer 1984, S. 83f.

S. 81, 102, 175, *Krenzer,* aus: Rolf Krenzer, Voll Freude ist das ganze Haus. Kinderlieder und Krippenspiele zur Advents- und Weihnachtszeit. © Herder, Freiburg i.Br. 3. Auflage 1989

S. 95, *Ringelnatz* aus: Joachim Ringelnatz, Das Gesamtwerk, Band 1. © Henssel Verlag

S. 97ff, *Peters,* aus: Ulrich Peters, Lebensträume. Märchen für jene, die gern träumen. © Lahn-Verlag, Limburg 4. Auflage 1991

S. 107, *Lederer,* © Joe Lederer

S. 120, *Krüss,* aus: James Krüss, Weihnachtsgedichte. © Franz Schneider Verlag, München 1973

S. 128, *Kaschnitz,* aus: Willi Hoffsümmer, Kurzgeschichten 1. 255 Kurzgeschichten für Gottesdienst, Schule und Gruppe. © Matthias-Grünewald-Verlag, Mainz 5. Auflage 1983

S. 136f, *Gruber/Willer,* aus: Meine Bibel. Teil 2: Geschichten von Jesus. Nacherzählt von Ingrid Willer und Elmar Gruber. © Herder, Freiburg i.Br. 1992

S. 139ff, *Reiser,* aus: Werner Reiser, Der Geburtstag von Adam und Eva. Neue Legenden und Parabeln. © Friedrich Reinhardt Verlag, Basel

S. 146, *Fürstenberg,* © Hilde Fürstenberg

S. 164f, *Reiser,* aus: Werner Reiser, Die drei Gaben. Legenden unserer Zeit. © Friedrich Reinhardt Verlag, Basel 3. Auflage 1981

S. 166ff, *Ende,* aus: Michael Ende, Momo oder Die seltsame Geschichte von den Zeitdieben und dem Kind, das den Menschen die gestohlene Zeit zurückbrachte. Ein Märchen-Roman. © K. Thienemanns-Verlag, Stuttgart 14. Auflage

S. 177, *Michler,* aus: Elli Michler, Dir zugedacht. Wunschgedichte. © Don Bosco Verlag, München 9. Auflage 1993

Wir danken allen Rechteinhabern und Verlagen für die freundliche Genehmigung zum Nachdruck. Trotz nachdrücklicher Bemühungen ist es uns nicht gelungen, alle Rechteinhaber zu ermitteln. Wir bitten diese daher um Verständnis, wenn wir gegebenenfalls erst nachträglich eine Abdruckhonorierung vornehmen können.

Bildnachweis

S. 119, 147: Burda-Verlag, München

S. 21, 23, 24, 25, 29, 31, 32, 35, 37, 38, 39, 40, 41, 51, 57, 59, 70, 71, 72, 73, 80, 86, 87, 88, 89, 95, 102, 103, 105, 106, 113, 115, 116, 117, 123, 124, 125, 127, 137, 167: Christophorus-Verlag, Freiburg i.Br.

S. 133: Falken-Verlag, Niedernhausen/Ts.

S. 11, 12, 53, 56, 76, 77, 100, 108/109, 160/161: foto-present, Essen

S. 68: Jahreszeiten-Verlag, Hamburg

S. 62: Albert Höntges, Aachen

S. 176: Foto König & König, Zürich

S. 1, 19, 28, 54, 55, 60, 61, 66, 67, 75, 91, 92, 99, 121, 129, 139, 144, 145, 148, 162, 164, 165, 175, 177: Wolfgang Müller, Oberried, St. Wilhelm

S. 46/47: Sabine Naegeli, St. Gallen/CH

S. 134, 135, 171: Hans Jürgen Rau D-64385 Oberkainsbach/Odw. Motive aus der Sammlung Christliche Kunst von Renate und Hans Jürgen Rau D-64385 Oberkainsbach/Odw.

S. 101: Joachim Rühl, Hamburg © Südzucker, Mannheim

S. 4/5, 10, 14, 18, 45, 85, 110, 130, 173: Hartmut W. Schmidt, Freiburg i.Br.

S. 142: Hans Siwik, Büdingen

S. 43: Erich Spiegelhalter, Freiburg

S. 65, 82, 157: Axel Springer Verlag AG, Hamburg

S. 44, 48, 79, 98: Hermann Steigert, Freiburg i.Br.

S. 151, 153, 155: Gisela Walter/Thomas Menzel, Das große Weihnachtsbastelbuch. Modelle gebastelt von Sabine Lohf, Fotos von Bernhard Hagemann, Ravensburger Buchverlag 1992

S. 169: Barbara Wiesinger

S. 156, 159: Florian Werner, Großweil

S. 26/27: ZEFA GmbH/Hamburg, C. Voigt